本书系云南大学2019年"一带一路"研究重点项目
"文明交流互鉴视角下澜湄国家命运共同体建设研究"
（项目号：YDYL2019D04）最终成果

云南大学
周边外交研究丛书

卢光盛　任　华 ○著

以文明交流互鉴推动澜湄国家命运共同体建设

中国社会科学出版社

图书在版编目（CIP）数据

以文明交流互鉴推动澜湄国家命运共同体建设 / 卢光盛，任华著. —北京：中国社会科学出版社，2023.5

（云南大学周边外交研究丛书）

ISBN 978-7-5227-1429-5

Ⅰ.①以… Ⅱ.①卢…②任… Ⅲ.①国际合作—研究—中国、东南亚 Ⅳ.①D822.333

中国国家版本馆 CIP 数据核字（2023）第 027731 号

出 版 人	赵剑英
责任编辑	马　明
责任校对	魏瑛慧
责任印制	王　超

出　　版	中国社会科学出版社
社　　址	北京鼓楼西大街甲 158 号
邮　　编	100720
网　　址	http://www.csspw.cn
发 行 部	010-84083685
门 市 部	010-84029450
经　　销	新华书店及其他书店
印　　刷	北京明恒达印务有限公司
装　　订	廊坊市广阳区广增装订厂
版　　次	2023 年 5 月第 1 版
印　　次	2023 年 5 月第 1 次印刷
开　　本	710×1000 1/16
印　　张	10.5
字　　数	162 千字
定　　价	58.00 元

凡购买中国社会科学出版社图书，如有质量问题请与本社营销中心联系调换
电话：010-84083683
版权所有　侵权必究

云南大学周边外交研究中心
学术委员会名单

主 任 委 员：郑永年

副主任委员： 邢广程　朱成虎　肖　宪

委　　　员：（按姓氏笔画排序）

王逸舟　孔建勋　石源华
卢光盛　刘　稚　许利平
李一平　李明江　李晨阳
吴　磊　杨　恕　陈东晓
张景全　张振江　范祚军
胡仕胜　高祖贵　翟　崑
潘志平

《云南大学周边外交研究丛书》
编委会名单

编委会主任：林文勋

编委会副主任：杨泽宇　肖　宪

编委会委员：（按姓氏笔画排序）
　　　　　　孔建勋　卢光盛　刘　稚
　　　　　　毕世鸿　李晨阳　吴　磊
　　　　　　翟　崑

总　序

近年来，全球局势急剧变化，国际社会所关切的一个重要议题是：中国在发展成为世界第二大经济体之后，其外交政策是否会从防御转变为具有进攻性？是否会挑战现存的大国和国际秩序，甚至会单独建立自己主导的国际体系？的确，中国外交在转变。这些年来，中国已经形成了三位一体的新型大外交，我把它称为"两条腿，一个圈"。一条腿是"与美、欧、俄等建立新型的大国关系，尤其是建立中美新型大国关系"；另一条腿为主要针对广大发展中国家的发展战略，即"一带一路"；"一个圈"则体现于中国的周边外交。这三者相互关联，互相影响。不难理解，其中周边外交是中国外交的核心，也是影响另外两条腿行走的关键。这是由中国本身特殊的地缘政治考量所决定的。首先，周边外交是中国在新形势下全球谋篇布局的起点。中国的外交中心在亚洲，亚洲的和平与稳定对中国至关重要，因此能否处理好与周边国家的关系，克服周边复杂的地缘政治环境将成为影响中国在亚洲崛起并建设亚洲命运共同体的关键。其次，周边外交是助推中国"一带一路"主体外交政策的关键之举。"一带一路"已确定为中国的主体外交政策，而围绕着"一带一路"的诸多方案意在推动周边国家的社会经济发展，考量的是如何多做一些有利于周边国家的事，并让周边国家适应中国从"韬光养晦"到"有所作为"的转变，并使之愿意合作，加强对中国的信任。无疑，这是对周边外交智慧与策略的极大考验。最后，周边外交也是中国解决中美对抗、中日对抗等大国关系的重要方式与途径。中国充分发挥周边外交效用，巩固与加强同周边国家的友好合作关系，支持周边国家的发展壮大，提升中国的向心力，将降低美日等大国在中国周边地区与国家中的影响力，并化解美国在亚洲同盟与中国对抗的可能性与风险，促成周边国家自觉地对中国的外交政策做出适当的调整。

　　从近几年中国周边外交不断转型和升级来看，中国已经在客观上认识到了周边外交局势的复杂性，并做出积极调整。不过，目前还没能拿出一个更为具体、系统的战略。不难观察到，中国在周边外交的很多方面既缺乏方向，更缺乏行动力，与周边国家的关系始终处于"若即若离"的状态。其中导致该问题的一个重要原因是对周边外交研究的不足与相关智库建设的缺失，致使中国的周边外交还有很大的提升和改进空间。云南大学周边外交研究中心一直紧扣中国周边外交发展的新形势，在中国周边外交研究方面有着深厚的基础、特色定位，并在学术成果与外交实践上成果颇丰，能为中国周边外交实践起到智力支撑与建言献策的重要作用。第一，在周边外交研究的基础上，云南大学周边外交研究中心扎实稳固，发展迅速。该中心所依托的云南大学国际关系研究院从20世纪40年代起就开始了相关研究。21世纪初，在东南亚、南亚等领域的研究开始发展与成熟，并与国内外相关研究机构建立了良好的合作关系，同时自2010年起每年举办的西南论坛会议成为中国西南地区最高层次的学术性和政策性论坛。2014年申报成功的云南省高校新型智库"西南周边环境与周边外交"中心更在中央、省级相关周边外交决策中发挥着重要作用。第二，在周边外交的研究定位上，云南大学周边外交研究中心有着鲜明的特色。该中心以东南亚、南亚为研究主体，以大湄公河次区域经济合作机制（GMS）、孟中印缅经济走廊（BCIM）和澜沧江—湄公河合作机制（LMC）等为重点研究方向，并具体围绕区域经济合作、区域安全合作、人文交流、南海问题、跨界民族、水资源合作、替代种植等重点领域进行深入研究并不断创新。第三，在周边外交的实际推动工作上，云南大学周边外交研究中心在服务决策、服务社会方面取得了初步成效。据了解，迄今为止该中心完成的多个应用性对策报告得到了相关部门的采纳和认可，起到了很好的资政服务作用。

　　云南大学周边外交研究中心推出的《云南大学周边外交研究丛书》与《云南大学周边外交研究中心智库报告》等系列丛书正是基于中国周边外交新形势以及自身多年在该领域学术研究与实践考察的

深厚积淀之上。从周边外交理论研究方面来看，这两套丛书力求基于具体的区域范畴考察、细致的国别研究、详细的案例分析，来构建起一套有助于建设亚洲命运共同体、利益共同体的新型周边外交理论，并力求在澜沧江—湄公河合作机制、孟中印缅经济合作机制、水资源合作机制等方面有所突破与创新。从周边外交的具体案例研究来看，该套丛书结合地缘政治、地缘经济的实际情况以及实事求是的田野调查，以安全合作、经济合作、人文合作、环境合作、边界冲突等为议题，进行了细致的研究、客观独立的分析与思考。从对于国内外中国周边外交学术研究与对外外交工作实践的意义来看，该丛书不仅将为国内相关研究同人提供借鉴，也将会在国际学界起到交流作用。与此同时，这两套丛书也将为中国周边外交的实践工作的展开提供智力支撑并发挥建言献策的积极作用。

郑永年
2016 年 11 月

目　　录

绪　论 ……………………………………………………………（1）

第一章　从文明到文明交流互鉴的理论建构……………………（9）
　　第一节　文明的含义与要素 ……………………………………（9）
　　第二节　东西方关于文明关系的理论 …………………………（15）
　　第三节　文明交流互鉴提出的背景及原则 ……………………（18）

第二章　文明交流互鉴与命运共同体建设 ……………………（22）
　　第一节　人类命运共同体思想的文化渊源 ……………………（22）
　　第二节　文明交流互鉴对构建人类命运共同体的意义 ………（30）
　　第三节　文明交流互鉴与人类命运共同体的互动关系 ………（36）
　　第四节　文明交流互鉴与澜湄国家命运共同体的关系 ………（39）

第三章　湄公河国家的文明交流互鉴 …………………………（45）
　　第一节　湄公河五国文明概况 …………………………………（45）
　　第二节　湄公河国家的文明交流互鉴 …………………………（65）

第四章　澜湄国家命运共同体建设中的文明交流互鉴 ………（86）
　　第一节　加强文明交流互鉴对构建澜湄国家命运共同体的
　　　　　　意义 ……………………………………………………（86）
　　第二节　澜湄合作机制下文明交流互鉴的现状与成效 ………（101）

第三节　澜湄国家文明交流互鉴面临的问题与挑战 ……… （110）

第五章　推进与澜湄国家文明交流互鉴思路与对策 ………… （119）
　　第一节　指导原则 …………………………………………… （119）
　　第二节　推进思路 …………………………………………… （124）
　　第三节　具体对策 …………………………………………… （130）

结　语 ……………………………………………………… （139）

参考文献 …………………………………………………… （144）

后　记 ……………………………………………………… （156）

绪 论

20世纪90年代，以亨廷顿为代表的西方学者提出了"文明冲突论"，将文明纳入了国际关系的研究中。"文明冲突论"提出后，对西方世界和非西方世界产生巨大影响。"文明冲突论"的实质是西方以其在国际关系领域内的霸权地位，以西方文明为中心，制造其他文明之间的冲突，进而论证"西方文明优越论"、西方文明是人类历史的未来等论点。

人类文明和人类社会的发展是各种文明交流互鉴的结果。从构建人类命运共同体的高度出发，习近平主席先后在多个重要场合提出要加强文明交流对话和包容互鉴，指出文明交流互鉴是推动人类文明共同进步和世界和平发展的重要动力。而"文明冲突论"等论调忽视了文明是多样的、平等的、包容的。湄公河地区是儒家文明、伊斯兰文明、佛教文明等文明的交会处。这些文明在该地区有上千年文明交流互鉴的历史，各种文明在这里交会、共同发展。

2016年3月23日，澜湄合作首次领导人会议在海南三亚成功举行，中国国务院总理李克强同泰国、柬埔寨、老挝、缅甸以及越南领导人共同宣布新型合作机制"澜沧江—湄公河合作"（以下简称"澜湄合作"）的诞生。经过几年的发展，澜湄合作以政治安全、经济和可持续发展、社会人文为三大支柱，优先在互联互通、产能、跨境经济、水资源以及农业和减贫领域开展合作，形成了"领导人引领、全方位覆盖、各部门参与"的合作格局。因此，推进澜湄合作，建设澜湄国家命运共同体既是落实习近平主席提出的建设亚洲命运共同体倡议的具体实践，也体现了六国合作的深厚基础和强烈意愿，更是为促进次区域发展与繁荣所贡献的中国智慧和中国方案。

一 研究意义

（一）学术意义

在学术意义上，本书在研究文明、文明的要素和文明关系的相关理论基础上，研究了文明交流互鉴及其与澜湄国家命运共同体之间的关系，并进一步研究了如何通过文明交流互鉴促进澜湄国家命运共同体的建设。因此，本书研究的学术意义主要是以下三方面。

第一，是以文明交流互鉴的视角解读中国周边命运共同体在澜湄地区的实践。澜湄地区是西方文明、印度文明、佛教文明、伊斯兰文明和中华文明等多种文明交会处，各种文明塑造了地区国家关系的历史与现实。因此，以文明交流互鉴理论统领澜湄国家命运共同体和地区合作十分必要。

第二，是从澜湄国家命运共同体的案例分析研究人类命运共同体建设的路径及方式。本书通过分析澜湄国家命运共同体的构建，探索构建中国特色的命运共同体理论，进而更为深入地研究和剖析人类命运共同体建设的路径及方式。

第三，从澜湄命运共同体的构建探索中国与湄公河国家文明交流互鉴的理论。现有关于澜湄合作的研究主要集中于经济领域，对文化和社会领域的研究较少，以文明交流互鉴为视角的研究还未出现。通过分析澜湄国家在与中华文明交流互鉴过程中的相互影响和作用，探索中国与澜湄国家文明交流互鉴的理论与实践，进而推动澜湄国家命运共同体的构建。

（二）政策意义

我国提出了"亲、诚、惠、容"的周边外交理念及人类命运共同体（以及亚洲命运共同体、澜湄国家命运共同体）等理念，本书的研究既是对这些理念的探讨，也研究如何使这些理念在澜湄地区落地生根，并提供政策性建议。因此，其政策意义在于以下三点。

第一，从文明交流互鉴角度研究周边命运共同体在澜湄地区的实践，有助于推动澜湄国家的民心相通，切实践行"亲、诚、惠、容"的周边外交理念。

第二，本书还着眼于对澜湄合作发展的动态研究。在当前，澜湄合作在物质层面的合作已经取得丰硕的成果,想要进一步在精神层面夯实已有成果,并推进澜湄国家命运共同体的建设,文化层面和文明交流互鉴显得更为重要。

第三,有利于探索由小到大、由近及远地构建人类命运共同体的方式。本书以澜湄国家命运共同体为案例,探索澜湄国家构建命运共同体的方式,有利于为进一步构建周边国家命运共同体、亚洲命运共同体,为最终实现人类命运共同体提供思考和启发。

(三) 社会意义

在社会意义方面,本书的研究有助于中国与湄公河五国之间的社会与文化交流。

第一,促进中国与湄公河五国之间更深的文明交流,促进文明的传承与发展。任何一种文明,不论产生于哪个国家、哪个民族的社会土壤中,都是流动的、开放的,这是文明传承和发展的一条重要规律。

第二,促进中国与各种文明交流对话、互学互鉴。文明的最终载体是一个个鲜活的社会人,中国提出文明交流互鉴是实现各国人民美好生活向往的现实途径,为了人类社会更加美好。通过与湄公河五国的文明交流互鉴,不仅能增强各国民众之间的相互了解与信任,更有助于各国之间的文化交流与科技合作,共同促进社会进步与发展。

第三,有利于解决中国和湄公河五国面临的社会冲突与不同族群之间的冲突等挑战。诸多挑战需要以文明交流互鉴的方式合理、公正地解决。习近平主席用文明交流互鉴的两个"应该",指明了解决之道,即"我们应该推动不同文明相互尊重、和谐共处,让文明交流互鉴成为增进各国人民友谊的桥梁、推动人类社会进步的动力、维护世界和平的纽带。我们应该从不同文明中寻求智慧、汲取营养,为人们提供精神支撑和心灵慰藉,携手解决人类共同面临的各种挑战"。[①]

二 国内外研究现状

习近平主席在亚洲文明对话大会开幕式上发表主旨演讲指出:

---

① 习近平:《文明交流互鉴是推动人类文明进步和世界和平发展的重要动力》,《奋斗》2019 年第 9 期,第 10—12 页。

"回顾历史、展望世界，我们应该增强文明自信，在先辈们铸就的光辉成就的基础上，坚持同世界其他文明交流互鉴，努力续写亚洲文明新辉煌"，"加强世界上不同国家、不同民族、不同文化的交流互鉴，夯实共建亚洲命运共同体、人类命运共同体的人文基础"。可见，加强文明交流互鉴与构建命运共同体有着相互影响、相互促进的关系。澜湄地区是亚洲乃至全世界最具发展潜力的地区之一，也是"一带一路"倡议的重要区域支点。在中国未来外交布局里，人类命运共同体建设将从周边起步，澜湄国家命运共同体是其中的关键一步。本书将从文明交流互鉴的视角切入，分析构建澜湄国家命运共同体的相关问题。

目前学界对澜湄国家命运共同体，尤其是澜湄合作的相关研究成果已有很多，这些研究成果为本书提供了丰富且扎实的基础。然而，从文明交流互鉴的视角来分析澜湄国家命运共同体的构建相对不足。具体而言，目前关于文明交流互鉴视角下的澜湄国家命运共同体建设的研究成果主要有以下几类。

（一）关于"命运共同体"的研究

党的十八大明确提出"人类命运共同体"概念以来，学术界对"命运共同体"的内涵、由来、发展、未来的建设路径等方面进行了解读和探讨。张蕴岭对人类命运共同体的内涵和内容做了详细介绍。[①] 周方银从国家安全观的角度解读了"命运共同体"。[②] 王灵桂、赵江林认为中国倡导的亚洲命运共同体，不是要在形式上建成某种超越民族国家的制度安排，而是要在互利合作的基础上树立亚洲各国利益和责任的认同，在更深入的互动中实现共赢、多赢。[③] 另外，也有部分学者对周边命运共同体的困难、前景和构建路径等方面进行了研究。王俊生分析了中国周边命运共同体构建的概念、内涵、路径；[④]

[①] 张蕴岭：《中国与周边关系：命运共同体的逻辑》，《人民论坛》2014年第6期。

[②] 周方银：《国际关系转型背景下人类命运共同体建设》，《东亚评论》2018年第1期。

[③] 王灵桂、赵江林：《人类命运共同体构建之路：中外联合研究报告6》，社会科学文献出版社2019年版。

[④] 王俊生：《中国周边命运共同体构建：概念、内涵、路径》，《国际关系研究》2016年第6期。

凌胜利集中分析了构建周边安全共同体面临的挑战，并提出相应的对策。[①] 许利平等认为，周边命运共同体是一个构建的过程，他们从政治、经济、文化、宗教等多维视角，着手通过构建中国与周边的价值共同体、发展共同体、安全共同体、社会文化共同体等路径，剖析了构建中国与周边命运共同体的可行性、挑战及前景。[②] 王晓玲分析了当前中国与周边国家人文交流中存在的问题以及"命运共同体"理念，认为中国需要转换人文交流的思路。[③]

（二）澜湄合作相关的研究

澜沧江—湄公河地区是一个被广泛关注、研究的地区，周边命运共同体在澜湄地区实践的最重要基础是澜湄合作，而澜湄合作的建立得益于澜湄地区原有的一些合作机制创造的机缘。卢光盛等认为，原有的一些次区域合作机制如澜沧江—湄公河次区域合作经过20多年的发展，次区域经济合作增长乏力，安全与战略环境日趋复杂化，以及中国与湄公河下游国家经济和总体实力发生变化，澜沧江—湄公河次区域合作面临发展的瓶颈。[④] 在此背景下，澜湄区域的合作迫切需要寻求新的合作方式，澜湄合作应运而生。塞巴斯蒂安·比巴（Sebastian Biba）的研究比较了中国在澜湄合作机制建立前后的态度。[⑤] 他认为，中国在澜湄合作机制建立之前，对澜湄地区合作更重视经济合作和经济效益，对生态方面的合作重视较少；澜湄合作建立后，中国十分重视水资源合作。日本学者末广昭（Akira Suehiro）认为中国在东南亚地区尤其是中南半岛地区（即澜湄地区）的影响在2001年之后大幅度增长，并试图建立中国领导的地区合作框架（China – led institutional framework），意在使地区获得持久的影响力，作者将之称

[①] 凌胜利：《构建周边安全共同体：挑战与对策》，《国际问题研究》2017年第5期。
[②] 许利平等：《中国与周边命运共同体：建构与路径》，社会科学文献出版社2016年版。
[③] 王晓玲：《"命运共同体"的人文思想》，《黄海学术论坛》2016年第1期。
[④] 卢光盛、金珍：《"澜湄合作机制"建设：原因、困难与路径》，《战略决策研究》2016年第3期。
[⑤] Sebastian Biba, "China's 'Old' and 'New' Mekong River politics: The Lancang – Mekong Cooperation from a Comparative Benefit – Sharing Perspective", *Water International*, Vol. 43, No. 5, 2018.

为"中国化的过程"(the process of sinicization)。① 该文实际上突出了中国在地区合作逐渐显现的领导作用，肯定了中国在地区合作机制建设中的建设性作用，对本书的研究具有一定的借鉴和启发。郑国富认为中国与湄公河流域国家农产品贸易合作成效显著，但仍然存在总量有限、地位低微、国别不均衡、种类单一且集中、附加值低、层次低下、自由化与便利化掣肘等问题，需要增进政治互信、完善合作机制、立足彼此优势与互补性，以"五通"建设为指导，推进农产品贸易可持续发展，共建"澜湄命运共同体"。②

在澜湄国家命运共同体建设过程中，不能忽视一些国外研究对中国参与澜湄合作的意图存在误解的情况，甚至需要甄别。卡尔·米德勒顿（Carl Middleton）和吉米·阿罗彻（Jeremy Allouche）认为中国参与澜湄合作有与西方争夺战略资源筹码的考虑。③ 这是从西方的视角、以西方利益为出发点的研究，忽视了中国倡导的合作共赢的合作原则。弗劳克·乌巴那（Frauke Urban）等认为中国是世界上最大的水坝建设者，中国在澜沧江上游修建的水坝具有重要的环境、社会、经济和政治影响，尤其对越南和老挝最为明显：老挝将大坝看作本国经济增长和发展的工具，而越南更看重大坝对可能的、潜在的国力增长和安全的影响。④ 应该说，乌巴那等人的研究客观程度较高，他们看到水资源政治在澜湄合作中的重要地位，而且没有将水资源的分配与澜湄各国之间的利益博弈完全对立起来。

澜湄地区的大国博弈也是学者关注的重要方面。澜湄地区历来是大国力量集中和交会的地区，大国在这里有不同的利益，大国地缘政治博弈影响了该地区所有合作机制的开展。普文·波亚尺文（Poowin

---

① Akira Suehiro, "China's offensive in Southeast Asia: Regional Architecture and the process of Sinicization", *Journal of Contemporary East Asia Studies*, Vol. 6, No. 2, 2017.

② 郑国富：《"澜湄合作"背景下中国与湄公河流域国家农产品贸易合作的路径优化与前景》，《对外经贸实务》2018 年第 4 期。

③ Carl Middleton, Jeremy Allouche, "Watershed or Powershed? Critical Hydropolitics, China and the 'Lancang – Mekong Cooperation Framework'", *The International Spectator*, Vol. 51, No. 3, 2016.

④ Frauke Urban, Giuseppina Siciliano & Johan Nordensvard, "China's Dam Builders: Their Role in Transboundary River Management in South – East Asia", *International Journal of Water Resources Development*, Vol. 34, No. 5, 2018.

Bunyavejchewin）认为中国通过承受巨大的成本和向其他澜湄国家提供公共产品的方式，试图建立起自己独特的影响力，将包括日本在内的其他竞争对手排挤出地区合作。① 应该说，作者看到了大国竞争在澜湄地区相互竞争的一方面，但是忽视了大国之间还存在合作和共赢的一面。大国博弈还在世界性大国和地区大国之间展开。格里格里·雷蒙德（Gregory V. Raymond）认为中国在地区的影响力增加可能与泰国在该地区的优势形成竞争。②

（三）关于澜湄命运共同体的研究

卢光盛等认为，当前澜湄国家命运共同体的研究，基本上还停留在口号和愿景的阶段上，还指出可以将澜湄合作与"命运共同体"、周边外交理论结合，提出了"利益—责任—规范"的三位一体和稳定的理论框架，这个框架实际上是构建澜湄命运共同体的路径之一。③ 张励从水资源的角度分析了澜湄国家命运共同体建设的互动规律。④ 罗圣荣认为构建澜湄国家命运共同体是中国周边外交和亚洲命运共同体构想的具体实践，将助力东盟共同体建设，促进次区域稳定和繁荣。⑤ 由于周边命运共同体、澜湄国家命运共同体等相关概念是由中国新近提出的概念和设想，国外还未出现专门的、学术性的研究。

（四）澜湄地区文明交流互鉴的研究

目前，对澜湄合作的现状、动力、项目合作以及与地区其他合作机制之间关系的研究较多，但以文明交流互鉴为视角的研究尚缺乏。2014年3月，习近平主席在访问联合国教科文组织总部和欧盟总部的时候，提出了"文明交流互鉴"的思想。文明交流互鉴思想阐明了人类文明只有在相互尊重、平等相待这一基本前提下才能实现良性互动，"文明交流互鉴"超越了文明优越论和文明冲突论，为21世

---

① Poowin Bunyavejchewin, "The Lancang–Mekong Cooperation (LMC) Viewed in Light of the Potential Regional Leader Theory", *Journal of Mekong Societies*, Vol. 12, No. 3, 2016.

② Gregory V. Raymond, "Competing Logics: Between Thai Sovereignty and the China Model in 2018", *Southeast Asian Affairs*, 2019.

③ 卢光盛、别梦婕：《"命运共同体"视角下的周边外交理论探索和实践创新——以澜湄合作为例》，《国际展望》2018年第1期。

④ 张励：《水资源与澜湄国家命运共同体》，《国际展望》2019年第4期。

⑤ 罗圣荣：《奥巴马政府介入湄公河地区合作研究》，《东南亚研究》2013年第6期。

纪全球化交往开辟了新的思路，找到了新的方法。

　　国内外对于文明相关的一些问题研究较早，这些研究对文明交流互鉴具有一定的借鉴意义。英国历史学家汤因比最早使用文明的范式，他在《历史研究》一书中最早用文明作为分析历史的单位，列举出了人类历史上二十多种文明形成和发展的过程，但尚未深入地研究各个文明之间的交流关系。① 美国历史学家斯塔夫里阿诺斯的《全球通史：从史前史到 21 世纪》注重研究文明产生的原因和总结文明发展的不同模式，其中涉及文明交往部分较少。② 德国斯宾格勒的《西方的没落》和美国威廉·麦克尼尔的《西方的兴起：人类共同体史》分别在 20 世纪初和 20 世纪末分析了世界文明发展的规律，但都以西方文明为核心，以西方文明为视角，以此研究当今国际关系，出现偏颇是必然的。③ 彭树智的《文明交往论》认为人类文明问题是人类历史的核心问题。④ 积极倡导文明交流互鉴是中国作为世界性大国的责任担当和道义担当，是中华民族传统文化在新的世界历史条件下实现复兴并对人类和平发展作出积极贡献的客观需要。文明交流互鉴受到多方面因素的影响。就澜湄地区而言，主要是地缘政治、各国在澜湄合作中的角色以及地区环境问题。因此，以文明交流互鉴促进中国周边命运共同体在澜湄地区的实践势在必行。

　　综上所述，目前的研究集中于对命运共同体、澜湄合作的现状、动力、项目合作以及与地区其他合作机制之间关系的研究。较少学者涉及了澜湄国家命运共同体的研究，而且对澜湄命运共同体的研究多以"一带一路"倡议、人类命运共同体、中国周边外交思想等视角进行研究，从文明交流互鉴视角研究的少之又少。这正是本书所要研究和解决的问题。

---

　　① ［英］阿诺德·汤因比：《历史研究》，郭小凌、王皖强等译，上海人民出版社 2010 年版。

　　② ［美］斯塔夫里阿诺斯：《全球通史：从史前史到 21 世纪》，吴象婴等译，北京大学出版社 2006 年版。

　　③ ［德］奥斯瓦尔德·斯宾格勒：《西方的没落》，吴琼译，上海三联书店 2006 年版；［美］威廉·麦克尼尔：《西方的兴起：人类共同体史》，孙岳等译，中信出版集团 2018 年版。

　　④ 彭树智：《文明交往论》，陕西人民出版社 2002 年版。

第 一 章

从文明到文明交流互鉴的理论建构

文明及文明的关系是诸多历史学家、人类学家的研究对象。国际关系中也不乏对文明关系的研究，但将文明纳入国际关系或者说文明与国际关系的交会却较晚。尽管在实践层面，文明已经对国际关系产生了多方面影响。在以威斯特伐利亚体系为原则的现代国际关系体系中，国家始终是国际关系的主体，文明在大多数情况下，只能借助和依附国家的力量对国际关系产生影响。20世纪80年代末90年代初，苏联解体等一系列事件使亨廷顿等国际关系学者将文明纳入国际关系分析中，认为"文明之间的冲突"将代替传统的国与国之间的冲突，使文明和国际关系这两个领域逐渐交会。虽然其"文明冲突论"没有造成类似于两次世界大战的全球性战争，却成为诸多地区冲突和矛盾的分析框架，对国际关系的理论和实践产生了重大影响。

第一节 文明的含义与要素

对文明的含义与要素的理解，是理解文明交流互鉴的基础。在人类历史发展过程中，文明的含义与要素是不同的。这部分通过对文明含义与要素的研究，提出了本书的主要研究内容和框架。

一 文明的含义

在东方和西方语境中，文明的含义是不同的。东方语境中的

"文明"侧重于文明的具体体现和形式,西方语境中的"文明"侧重于文明形成的过程。在东方语境的汉语中,"文明"一词最早出自《易经》:"见龙在田,天下文明"(《周易·乾·文言》),其意思是"真龙在田间,看到一个道德品质高尚的人会肃然起敬"。这里的文明实际上体现了礼貌和礼仪,是与"野蛮"相对应的。但《易经》并没有继续解释"文明"的含义,只是描绘了"文明"的一种表现。除此之外,从汉语词语的组合方式上来看,"文明"一词实际上是"文"和"明"两个词的结合,其含义也与这两个词的含义有关。东汉许慎所著的《说文解字》中认为"文"即"错画也,象交文",[1]其意思是"文"与自然界存在的各种"纹"相通;《说文解字》中的"明"即"照也""明从日"。[2] 现代汉语中"文明"的含义有三个:文化;社会发展到较高阶段和具有较高文化的;旧时指有西方现代色彩的(风俗、习惯、事物)。[3] 由此可见,古代汉语和现代汉语中的文明一词的含义存在着异同,但是现代汉语中"文明"的含义接近于本书所说的"文明"的含义。

在西方语境中英文的"文明"(Civilization)一词源于拉丁文"Civis",其意思是城市的居民,其本质含义为人民生活在城市和社会集团中的能力。英国著名词典学家霍恩比(A. S. Hornby)编撰的《牛津高阶英汉双解词典》中对"文明"(Civilization)的解释有四种:人类社会非常发达和有组织的状态;在特定时期和地区社会的文化和生活方式;全世界所有人生活的社会是一个世界文明;现代社会提供的舒适的生活方式。[4] 赛斯·鲍姆(Seth D. Baum)等认为文明的概念应当更强调文化的发达状态、社会和技术的发展。[5] 布雷特·鲍登(Brett Bowden)在研究了法语、英语、西班牙语、德语等语言

---

[1] (东汉)许慎:《说文解字》,九州出版社2001年版,第513页。
[2] (东汉)许慎:《说文解字》,九州出版社2001年版,第392页。
[3] 中国社会科学院语言研究所词典编辑室编:《现代汉语词典》(第6版),商务印书馆2012年版,第1363页。
[4] [英]霍恩比:《牛津高阶英汉双解词典》(第8版),赵翠莲、邹晓玲等译,商务印书馆、牛津大学出版社(中国)有限公司2014年版,第352—353页。
[5] Seth D. Baum, et al., "Long-term Trajectories of Human Civilization", *Foresight*, Vol. 21, No. 1, 11 March 2019, pp. 54–55.

中的"文明"以及社会学家等的定义后,提出最好的"文明"的定义是:"完美的公民生活、社会的发展,或者更准确的说是人们之间的关系。"① 由此可见,东西方语境中"文明"的含义与定义方式不同,东方注重对"文明具体表现"的定义,西方注重对"文明过程"的定义。

马克思主义对文明的论述主要是从人类历史发展的角度进行论述的。马克思对文明并没有定义,但其有一套完整的关于文明的理论。马克思的文明理论属于其"世界历史理论"的一部分,其文明理论不仅论述了文明体内部的发展规律,而且论述了诸文明体之间的交会与诸文明体走向世界大同的趋势。② 马克思的文明理论阐述了文明之间关系的规律,对于理解纷繁复杂的文明现象、文明关系具有非常好的借鉴价值。

二 文明的要素

国内外学者对文明要素(或者特征)的研究,大致可以分为二要素、三要素、多要素之说。这些研究的共同特征是大多将文字作为文明出现的基础,且基本受到了历史学家们的影响。在大多数历史学家看来,文字的出现标志着文明的出现。英国历史学家阿诺德·汤因比在其十二卷本的《历史研究》中对23个先进的文明进行对比后发现,23个民族有22个是有文字的;其他的一些关于世界文明的研究成果也把重点放在以往5000年中先进的、有文字的欧亚大陆文明民族身上。这些书都是十分简略地提到哥伦比亚以前的印第安文明,除了谈到最近与欧亚大陆文明民族的相互影响,它们对世界其余地区的讨论甚至更加简略。③ 汤因比的研究影响了诸多的西方学者。文字的出现确实是人类与其他生物之间不同的重要标志之一,但是不能反映人类文明之间发展程度的差异。

二要素说是很多中国学者从马克思的辩证唯物主义和历史唯物主

---

① Brett Bowden, *The Empire of Civilization: The Evolution of an Imperial Idea*, Chicago University of Chicago Press, 2009, p. 44.
② 吴英:《马克思的文明理论》,《山东社会科学》2009年第6期(总第166期)。
③ [美]斯塔夫里阿诺斯:《全球通史——1500年以前的世界》,吴象婴、梁赤民译,上海社会科学院出版社1995年版,第105—106页。

义那里推论出来的。马克思和恩格斯本人并没有专门针对"文明"的论述，但恩格斯参照美国历史学家和社会学家摩尔根《古代社会》而写成的《家庭、私有制和国家的起源》一书，根据人类起源的生活技术因素，全面剖析了文明要素起源的一般过程是经历了蒙昧时代、野蛮时代、文明时代三大时期，①而且马克思、恩格斯从世界历史的角度提出了"三形态理论"，将人类社会，也即文明的发展划分为三大阶段，即人的依赖关系阶段、以物的依赖性为基础的人的独立性阶段和实现人的全面发展的自由人的联合体阶段，在社会形态上表现为前资本主义社会、资本主义社会和共产主义社会三个阶段。同时，马克思主义"从文明的本质、文明演进的动力、文明体的结构层次、文明演进的历史阶段以及文明体交汇走向世界大同的趋势等方面，可以发现马克思对人类社会文明的阐释构成了一个完整的理论体系"。②中国学者彭树智从马克思主义的角度，也认为文明本身包括"精神内涵"和"物质外延"两个方面。③但这种划分一方面是政策性的划分；另一方面过于宽泛，无法真正反映出学理上"文明"的要素。

文明的"三要素论"或"多因素（或多特征）论"是另外一些学者的观点。英国学者格林·丹尼尔整理，于1968年出版的《最初的文明》一书中认为文明三要素是：城市、文字、复杂礼仪建筑。亨廷顿从未来文明的发展趋势的角度认为全球文明的要素是："全球文明可能是更高层次的道德、宗教、知识、艺术、哲学、技术、物质福祉等等的混合体。"④一些人类学者从文明和文化的区别角度，指出了将文明与新石器时代的文化区别开来的一些特征，这些特征包括：城市中心、由制度确立的国家的征召权力、纳贡或束手、文字、社会氛围、阶级或等级、巨大的建筑物、各种专门的艺术和科学等。

---

① ［德］恩格斯：《家庭、私有制和国家的起源》，中共中央马克思恩格斯列宁斯大林著作编译局译，人民出版社1999年版。
② 吴英：《马克思的文明理论》，《山东社会科学》2009年第6期（总第166期），第48页；李艳艳：《马克思主义文明理论及其当代价值》，人民出版社2017年版。
③ 彭树智：《文明交往论》，陕西人民出版社2002年版，第49页。
④ ［美］塞缪尔·亨廷顿：《文明的冲突与世界秩序的重建》（修订版），周琪、刘绯、张立平、王圆译，新华出版社2010年版，第294—295页。

这实际上认为文明是由多因素构成的。① 同时，斯塔夫里阿诺斯也指出，并非所有的文明都具备这一切特征，比如南美安第斯山脉的文明是在没有文字的情况下发展起来的，而埃及文明和玛雅文明则没有通常所说的城市。但是，无论如何，这一主张都认为文明是由"多因素（或特征）"组成的，不仅仅限于三因素或者更多的因素。

中国官方和学者也对文明的要素进行过论述。习近平主席在2019年5月15日召开的以"亚洲文明交流互鉴与命运共同体"为主题的"亚洲文明对话大会"上对古代文明和现代文明作了很清晰的回答，他说古代文明主要是三方面的内容：一是经典典籍，二是发明创造，三是建筑。从现代文明来看，"文明之美集中体现在哲学、社会科学等经典著作和文学、音乐、影视剧等文艺作品之中"。② 习近平主席的讲话中的文明实际上包含了哲学和艺术（文学、音乐、影视剧等文艺作品）。习近平主席的关于文明要素的论述实际上是"二要素论"，加上"文明与宗教同格起源、同步诞生、同位发展，宗教信仰与文化精神、终极关怀与世俗社会融为一体"。③ 因此，中国学者易中天提出文明构成的"三要素"：哲学、艺术和宗教。这三个要素之间还存在着相互交叉或者组合的情况，比如宗教中存在着宗教哲学、宗教艺术，艺术中存在着艺术的哲学、宗教的哲学，等等。

从文明发展的角度来看，科学（科技）也是文明的要素。从近代文艺复兴以来，人类共经历了三次科技革命，每一次都使生产力实现巨大的飞跃，对人类文明、世界经济发展和生产、生活方式的变革产生了极其深刻的影响。尤其是自19世纪初以来，在西方对科学的理解中，科学与文明形成了紧密的关联，从而取代了先前科学与基督教的关联。④ 中国著名科学家、病理生理学家、中国科学院院士韩启德对（近代）科学与文明的关系进行过深刻的阐述，他认为："近代

---

① ［美］戴蒙德：《枪炮、病菌与钢铁：人类社会的命运》，谢延光译，上海译文出版社2000年版，"前言"第14页。
② 《回击"文明冲突论" 倡导"文明和谐论"》，《理论导报》2019年第5期，第16页。
③ 易中天：《文明的意志与中华的位置》，浙江文艺出版社2013年版，第13页。
④ Stephen Gaukroger, "Science and Civilization", *Journal of Dialectics of Nature*, Vol. 37, No. 3, 2015, p. 124.

科学是众多不同文明中科学知识的总汇，包含着不同文明的元素。"①当今人类社会面临的诸多全球性问题，比如新近暴发的"新型冠状病毒"，已经对当前的国际关系体系产生了重大影响，需要不同文明的国家在医疗卫生的领域内广泛地开展科技合作，共同应对这一新的全球挑战。恩格斯说过："社会一旦有技术上的需要，则这种需要就会比十所大学更能把科学推向前进。"新冠肺炎疫情的暴发以及澜湄国家共同面临的诸多问题，都需要用科学的手段加以解决，为建设澜湄国家命运共同体提供更为坚实的基础。

综合国内外对文明及其要素的研究来看，文明的含义随着时代、地域的不同而不同。本书认同马克思主义对文明及文明时代的表述："文明时代是社会发展的这样一个阶段：在这个阶段上，分工，由分工而产生的个人之间的交换，以及把这两者结合起来的商品生产，得到了充分的发展，完全改变了先前的整个社会。"② 同时，从国际关系的研究来看，亨廷顿的"文明冲突论"虽然未直面宗教，但把宗教作为理解国际关系严肃的文明之基础，被视为国际关系研究非实证主义的"文化转向"的开端。③

因此，本书所用文明的含义主要包括哲学、宗教、艺术和科学这四要素，但其内容是多方面的：哲学包括中国文明中的儒家哲学、道家哲学等；宗教包括佛教、伊斯兰教、基督教、印度教等；艺术包括但不仅限于音乐、绘画、建筑等。因此，本书认为易中天的"文明的三要素"是较为全面、贴切和最有概括性的：哲学、宗教是人类心灵的寄托，而艺术则是人类对万物之美的诠释。文字的出现只是文明出现的标志，而哲学、艺术和宗教则是人类对文字最好的运用：三者解决了人类文明某些关键难题，使文明得以延续下去。科学则是促进文明发展、文明交流互鉴的能动因素。

---

① 韩启德：《科学与文明之问》，《科学中国人》2020 年第 3 期，第 70 页。
② ［德］恩格斯：《家庭、私有制和国家的起源》，中共中央马克思恩格斯列宁斯大林著作编译局译，人民出版社 1999 年版，第 181 页。
③ 本刊特约记者：《21 世纪以来宗教与国际关系研究的发展——徐以骅教授访谈》，《国际政治研究》2017 年第 4 期，第 151 页。

第二节　东西方关于文明关系的理论

在历史发展过程中，东西方关于文明关系的理论层出不穷。国内已经有学者对文明关系的理论进行了总结①。但就文明关系的理论来说，大致可以分为文明发展论、文明冲突论、文明交往论（跨文化交流）、文明调和论和文明协同论。这些理论以不同的维度和视角，阐述了文明之间的关系。

一　文明发展论

文明发展论既强调文明在时间上的变化，同时也强调不同文明之间相互促进并发展。一些西方学者对文明发展论的假设和文明的发展提出了质疑，认为文明之间实际上不存在好与坏的区分。美国学者戴蒙德认为：诸如"文明"之类的字眼和"文明的兴起"之类的词语是不是传达了虚假的印象，即文明是好的，以狩猎采集为生的部落人是悲惨的，而过去的13000年的历史已经朝着人类更大的福祉前进了？② 文明发展论并没有涉及文明之间应当在哪些方面实现共同发展，但为文明交流互鉴提供了思路。

二　文明冲突论与全球文明论

冷战后，亨廷顿的"文明冲突论"对当今国际关系的影响最为深刻，国内外学术界对其的争论最多。③ 但实际上，亨廷顿的"文明冲突论"本身就是矛盾的。除了其"文明冲突论"外，他还从全球文明的角度论述了未来的文明关系："在多文明的世界里，建设性的道路是弃绝普世主义，接受多样性和寻求共同性。通过共识而不是斗

---

①　陈启能、姜芃等：《世界文明通论：文明理论》，海峡出版发行集团、福建教育出版社2010年版。

②　[美] 戴蒙德：《枪炮、病菌与钢铁：人类社会的命运》，谢延光译，上海译文出版社2000年版，"前言"第7页。

③　因国内外对亨廷顿的"文明冲突论"研究与批判者甚多，此处不再详述。

争来解决重大争议问题,强调种族和宗教的相互容忍与和谐。无论世界上的几大宗教在何种程度上将把人类区分开来,他们都共有一些重要的价值观。如果人类有朝一日会发展一种全球文明,她将通过开拓和发展这些共性而逐渐形成。在多文明的世界里,维护和平需要'共同性原则'——各文明的人民应寻求和扩大与其他文明共有的价值观、制度和实践。这样的努力不仅有助于减少各文明的冲突,而且有助于形成全球文明。"①

三 文明交往论(文明交融论)

文明交往论和文明交融论在很多方面是相通的,其区别实际上很小。文明交往论以西北大学的彭树智为主要代表。他认为,文明交往涉及物质文明交往、精神文明交往和制度文明交往三个层面,它探讨人类在不同历史时期交往的特征、作为交往思维手段的语言文字,以及民族和国家之间,人群、集团和地区之间,战争与和平之间的相互关系,并从多极主体交往论、互动合作论、文明自觉论、人际、国际和人与自然界和谐共处的视角进行文明交往的研究。②

中国也有学者提出了文明交融论。方金英从穆斯林"去激进化"、伊斯兰哲学与国际安全的角度,认为"在世界几大文明中,伊斯兰文明唯独没有与中华文明在全球层面进行过对话与交融。如今,时代不同,中国进一步走向强大,我们要倡导伊斯兰文明与中华文明的对话,并使中华文明成为伊斯兰文明与西方文明对话的桥梁与纽带,这是一种新的文明对话、交融模式,以和平共赢为宗旨,可以使世界真正走向和平与发展的征途"。③

应当指出的是,文明交往论和文明交融论都研究了文明之间关系的某一方面,但其研究视角主要是历史的、宏观的和静态的,忽视了文明之间存在着的升级和共同进步的情况。

---

① [美]塞缪尔·亨廷顿:《文明的冲突与世界秩序的重建》(修订版),周琪、刘绯、张立平、王圆译,新华出版社2010年版,第294—295页。
② 彭树智:《文明交往论》,陕西人民出版社2002年版。
③ 方金英:《文明的交融与和平的未来》,时事出版社2016年版,第578页。

四 文明调和论

文明调和论以中国清末民国期间的梁漱溟为主要代表。梁漱溟没有详细地区分"文化"和"文明",但其"调和论"也不是"随便"的调和论。他从当时东西方文化和哲学的角度来看,认为古希腊文化、古罗马文化是西方文化(西洋文化)的两大分支,中华文化和印度文化是东方文化的两大分支,"古希腊人、古中国人、古印度人,各以其种种关系因缘凑合不觉就单自走向了一路,以其聪明才力成功三大派的文明——迥然不同的三样成绩。这自其成绩论,无所谓谁家的好坏,都是对人类有很伟大的贡献……西洋文化的胜利,只在其适应人类目前的问题,而中国文化印度文化在今日的失败,也非其本身有什么好坏可言,不过就在不合时宜罢了"。[1]

从指向上来看,梁漱溟的文明调和论试图通过文明之间的和解方式实现世界和平,这是对未来文明关系的一种尝试性研究。然而,他也未提出具体的调和措施,只是提出了调和的理念,缺乏实证的支持。

五 文明协同论

文明协同(synergy)论以西方学者吉尔莫·阿尔加泽(Guillermo Algaze)为代表。他从历史的角度,以美索不达米亚地区(Mesopotamia,即今天伊拉克及其周边地区)为例,提出了文明协同应当遵循以下三个协同:第一个协同源自美索不达米亚冲积平原与周边地区相比,乌鲁克(Uruk)时期七百多年的政治集中化;第二个协同来自美索不达米亚南部地区密集的人口,在乌鲁克时期他们居住在基本上完全独立的内陆地区;第三个协同是人口密集的城镇增加增强了接下来4000年人们在冲积平原环境下的交通和通信的便利度。[2] 作者实际上指出了文明的协同条件和未来,但并没有指出应当如何具体地

---

[1] 梁漱溟:《东西文化及其哲学》,商务印书馆1999年版,第202页。
[2] Guillermo Algaze, *Ancient Mesopotamia at the Dawn of Civilization: The Evolution of an Urban Landscape*, University of Chicago Press, 2008, pp. 123–127.

协同。

总之，西方学者对文明关系的研究存在着对西方中心论、其他文明的污名化和政治化的倾向。因此，他们对文明关系的研究是片面的；中国学者虽然不强调文明的冲突、对立与政治化，但仅仅从哲学层面提出文明之间应当和谐共处，或者仅仅从现象和历史角度阐述文明的关系，对当前不同文明之间的关系研究较少。

第三节　文明交流互鉴提出的背景及原则

文明交流互鉴提出的历史背景及原则是多方面的。它不仅融合了中西方学者对文明发展、文明交流的诸多理论和观点，更是基于文明交流互鉴的历史[①]和当前国际关系中"文明冲突"存在的可能性的中国方案，是对国际关系理论与实践的新发展。

一　文明交流互鉴提出的背景

文明交流互鉴具有深刻的理论、历史和时代背景。从理论上来看，习近平主席关于文明交流互鉴重要论述的生成有其深刻的理论逻辑：马克思主义文明交往理论是其理论基石，中国共产党历代领导集体的文明交流思想是其理论源泉，中华优秀传统文化的积淀是其理论底色，西方和谐思想和全球治理理论是其理论借鉴。[②]

从历史上来看，中华文明、伊斯兰文明和西方文明等文明在发展过程中，交流与互鉴是主流。方金英认为："一部人类历史，主旋律还是各种文明交融和共享文明成果的历史。中华文明、伊斯兰文明、西方文明三大文明也有借鉴过其他文明来增强自己的生命力和辐射力。"[③] 联合国等国际机构也注意到了"文明"对国际关系的影响。

---

　① 王聪延：《历史上中华文化与世界其他文化的交流与互鉴》，《兵团党校学报》2019年第6期，第102—105页。

　② 徐艳玲、张光哲：《论习近平关于文明交流互鉴重要论述生成的理论逻辑》，《学习论坛》2020年第1期，第5页。

　③ 方金英：《文明的交融与和平的未来》，时事出版社2016年版，第602页。

1998年，联合国大会正式通过决议确认世界上各种不同文明的存在，并把2001年定为"文明对话年"，提出要开展不同文明之间的对话和交流，保持文化的多元化。

从实践来看，党的十八大以来，立足于中国道路实现史诗般崛起的现实成就与文明品质，习近平主席深刻把握人类文明演进的基本规律，以文明交流互鉴为主题展开一系列重要论述，系统地阐发了"多彩、平等、包容"的文明本质论、"交流、互鉴、共存"的文明关系论和"共商、共建、共享"的文明发展论，从而为在21世纪推动构建人类命运共同体、实现人类历史进步与和平发展，提供了具有世界历史意义的文明自信理念。[①] 从当今国际关系的现实来看，冷战后"文明冲突论"和西方霸权、西方中心论对当今国际关系发展与文明关系产生了极为负面的影响。中国倡导的"文明交流互鉴"与"文明冲突论"相反，党的十八大以来，习近平提出的中国新型文明观坚持文明交流互鉴，对话共存，不仅是破解"文明冲突论"的良药，而且为21世纪人类文明的发展转换指明了方向。[②]

二　文明交流互鉴的原则

在人类历史上，文明的关系多种多样，学者们对文明关系的研究视角也是多种多样。习近平主席从多彩、平等、包容三个方面，提出了推动文明交流互鉴的正确态度和原则：文明是多彩、平等和包容的，应该尊重各国各民族文明，维护文明多样性；要加强文明交流互鉴，坚持从本国本民族实际出发，做到取长补短、择善而从；要理性处理本国文明与其他文明的差异，不要搞自我封闭，更不要搞唯我独尊；等等。[③] 习近平主席的论述，高度概括了文明交流应当遵循的原则，不仅是对中华文明与其他文明交往历史的高度总结，更是对

---

① 冯鹏志：《文明自信的中国理念及其世界历史意义——论习近平关于文明交流互鉴的理念》，《北京行政学院学报》2020年第2期，第107页。

② 戴继诚：《"文明冲突论"的破解与中国新型文明观的实现》，《思想教育研究》2020年第1期，第74页。

③ 《求是》编辑部：《文明交流互鉴的正确态度和原则》，《求是》2019年第9期，第11—18页。

"文明冲突论"等论调的回应。

第一,文明是多彩的。从古代文明时期①的苏美尔文明、古埃及文明、闪米特文明圈(巴比伦、阿卡德、亚述)、埃兰文明、米诺斯文明(克里特)、古印度文明、古中国文明、赫梯文明、迈锡尼文明(古希腊青铜时代)、印度文明(吠陀/古典印度)、腓尼基文明、奥尔梅克文明等,到古典文明时期(公元前1000年至公元500年)的中华文明、古希腊文明、古罗马文明、印度文明、玛雅文明等,人类历史上产生了诸多不同的文明。虽然有些文明已经随着历史的发展,由于自然灾害等因素消失了,但其仍然给人类留下了宝贵的财富。有些文明至今仍然存在,并且继续为人类贡献着力量。各种文明都是人类整体文明的一部分,都曾或者正在为人类文明的进步作出重要贡献。

2013年4月7日,习近平主席在博鳌亚洲论坛的主旨演讲中,用中国古诗词"一花独放不是春,百花齐放春满园"来形容各种文明共同发展的状况。当今,世界各国联系紧密,共同发展与合作已经成为世界潮流。习近平主席指出:"文明是多彩的,人类文明因多样才有交流互鉴的价值,人类文明作为多样性的存在,是人类社会的客观事实,也是人类社会生生不息、得以发展的内在动力。一种文明的发展并不排斥其他文明的发展,也不必然地以其他文明的衰亡为前提。"各个国家、各个民族都为人类文明的发展作出了贡献。各种文明的发展可以并行不悖,相互交流、影响、吸收、融合。每种文明都会从其他文明中汲取养分,同时也给其他文明以不同程度的影响。②

第二,文明是平等的。习近平主席指出,"各种人类文明在价值上是平等的,都各有千秋,也各有不足。世界上不存在十全十美的文明,也不存在一无是处的文明,文明没有高低、优劣之分"③。近代

---

① 以上文明是学术界承认的12个古代文明。古代文明与古典文明之间的分界线是公元前1000年,在此之前的文明属于古代文明,之后的文明属于古典文明。
② 王克群:《文明是多彩的、平等的、包容的》,《人民日报》2014年8月12日第7版。
③ 习近平:《在联合国教科文组织总部的演讲》,《人民日报》2014年3月27日第3版。

以来，西方文明走在了前列，在科学研究、现代化等方面引领着人类文明的发展。但一些西方国家以傲慢和偏见的眼光看待其他文明，甚至提出了"文明冲突论"，带有西方中心论的观点，这些都无助于文明之间的交往，反而成为文明交流互鉴的阻碍。因此，中国提出的文明交流互鉴，坚持了文明平等的基本理念，不仅借鉴了文明发展与交流的历史，更体现了对各种文明的尊重，是人类文明进步和世界和平发展的强大动力。

第三，文明是包容的。各种文明在发展过程中，不可避免地与其他文明发生各种各样的联系。在古代时期，文明之间的交往或者交流很少；到了古典时期，文明之间的交流和交往逐渐增多；到了当代，各种文明之间的交往与交流无论在广度和深度上都超过了以往任何时代。如果没有文明之间的包容，文明之间的交流与交往就不可能长久地持续下去。

文明交流互鉴凝结着中华民族在长期文明交往中的思想智慧，反映了中华民族对人类文明发展规律的深刻把握，也是对中西方传统文明观和文明关系认知的一次重大革新。从本质上来讲，文明之间的交流互鉴受到文明特质本身的阻碍。法国著名历史学家布罗代尔对文明之间的交流有很精辟的看法，他认为文明既有能动性，能不断演变，又有文明的不变性。文明的本质特征之一就是相互传播和借用，即把自己的东西向外输出，又要借用和吸收其他文明的东西，但是借用是有选择的，只借用对自己有用的东西。同时，文明又具有"拒绝借用"的特征，即拒绝对自己不适用的东西，以保持自己的独特性和稳定性。[①] 因此，文明交流互鉴既有助于文明保持自己的独特性和稳定性，也有利于文明自身的发展。

因此，作为中国新时代外交方略实施对象的中国周边地区，澜湄地区既是文明交流互鉴的主要地区，同时也是命运共同体实践的重点，如何将两者结合起来，是国内外尤其是中国学者需要思考的问题。

[①] 汝信：《总序》，第 2 页，载陈启能、姜芃等《世界文明通论：文明理论》，海峡出版发行集团、福建教育出版社 2010 年版。

第 二 章

文明交流互鉴与命运共同体建设

中国提出"人类命运共同体",不是无源之水、无本之木。以"和合"思想为代表的中国优秀传统文化为人类命运共同体的提出提供了思想支撑。人类命运共同体思想根植于源远流长的中华文明,也是中华优秀传统文化在全球层面的应用和展示。构建人类命运共同体需要从政治、安全、发展、文明、生态这五个方面共同努力,建设持久和平、普遍安全、共同繁荣、开放包容、清洁美丽的世界。

第一节 人类命运共同体思想的文化渊源

中华文明是人类命运共同体思想的源泉和基础。习近平主席在第七十届联合国大会一般性辩论的演讲中明确了人类命运共同体的内涵,包括"建立平等相待、互商互谅的伙伴关系,营造公道正义、共建共享的安全格局,谋求开放创新、包容互惠的发展前景,促进和而不同、兼收并蓄的文明交流,构筑尊崇自然、绿色发展的生态体系",[1] 这也是打造人类命运共同体"五位一体"的总布局和总路径。

---

[1] 习近平:《携手构建合作共赢新伙伴 同心打造人类命运共同体——在第七十届联合国大会一般性辩论时的讲话》,《人民日报》2015 年 9 月 29 日第 2 版。

一 平等相待、互商互谅的伙伴关系体现了"协和万邦"的政治观念

人类命运共同体是中国传统文化中"天下"观念的现代建构，构建平等相待、互商互谅的伙伴关系是人类命运共同体的主要途径，彰显了中国古代"协和万邦"的政治观念，即"协和万邦"的国际观。古代中国一直存在一个与"世界"近乎同义的用语，即"天下"。在中国古人看来，"中国"与周边部族或"国家"之间是一种"天下"共处的文化关系。[①]《周易》中的"与天地合其德"，《论语》中的"四海之内皆兄弟""以天下为己任"，《孟子》中的"兼善天下"，《庄子》中的"天地与我并生，而万物与我为一"，《礼记》中的"大道之行也，天下为公"，以及范仲淹的"先天下之忧而忧，后天下之乐而乐"的忧患意识，顾炎武的"天下兴亡，匹夫有责"的使命，等等，都是中国传统文化下普世关怀的价值体现，彰显着我国的大国责任与担当。

中国传统的天下观念有多重含义：一是基础性含义，指地理意义上的"普天之下"，相当于人类生活环境的总和；二是指政治意义上的"天子之所主"，包括能主的天子及所主的万物；三是指德行或伦理意义上的"仁者以天下为一体"，即言天下是一个价值共同体。[②]需要指出的是，"天下"观念着眼的"天下"，是一种文明多样化的概念，而不是在同一种文明下的"天下"。之所以有区别，要强调的就是"和"与"不同"之间的关系，即"和而不同"。在中国文化传统中，"和"是和谐，是"不同"之间的秩序，一如音律，不同的音，奏出"和谐"的音乐。"天下"观念是中国文化中最具特色，最具宏大愿景的一面，"天下"意识并不是像西方人那样要强力地输出西方主导的普世主义价值，而更多的是着眼于一种文化的整合性、道

[①] 贾文山、王丽君、赵立敏：《习近平普遍安全观及其对构建人类命运共同体的意义》，《中国人民大学学报》2019年第3期，第88页。

[②] 彭秋归：《世界历史、天下观念与人类命运共同体构建》，《世界社会主义研究》2019年第10期，第19—20页。

德性的动力，展现对人类和世界的整体性关切。①

梁漱溟曾说："中国人是富于世界观念的，狭隘的国家主义和民族主义在中国都没有，中国人对于世界向来是一视同仁。"② 中华民族是一个爱好和平的民族，"协和万邦"的思想在中国源远流长且深入人心。从缘起于尧舜的禅让制和周公制礼中的"尚德不尚武"思想观念，到中华人民共和国成立后确立的"和平共处五项原则"，再到人类命运共同体中提出的构建平等相待、互商互谅的伙伴关系，都体现了中国古代"协和万邦"思想在中国处理国际关系问题上的继承和创新。人类命运共同体建立的伙伴关系，是平等相待、互商互谅的，是不设假想敌、不针对第三方的，是具有包容性和建设性的。正如习近平主席在博鳌亚洲论坛 2015 年年会上的主旨演讲中指出："中国古代思想家孟子说过：'夫物之不齐，物之情也。'不同文明没有优劣之分，只有特色之别。要促进不同文明不同发展模式交流对话，在竞争比较中取长补短，在交流互鉴中共同发展，让文明交流互鉴成为增进各国人民友谊的桥梁、推动人类社会进步的动力、维护世界和平的纽带。"③ 习近平主席还强调，"中华民族历来讲求'天下一家'，主张民胞物与、协和万邦、天下大同，憧憬'大道之行，天下为公'的美好世界"④。

二 公道正义、共建共享的安全格局体现了"和谐共生"的安全智慧

人类命运共同体是中国传统"和文化"在国际层面的进一步深化，实现公道正义、共建共享的安全格局是人类命运共同体的重要保

---

① 孙向晨：《民族国家、文明国家与天下意识》，《探索与争鸣》2014 年第 9 期，第 69 页。

② 梁漱溟：《国人的长处和短处》，《梁漱溟全集》第 5 卷，山东人民出版社 1992 年版，第 980 页。转引自孙向晨《民族国家、文明国家与天下意识》，《探索与争鸣》2014 年第 9 期，第 65 页。

③ 习近平：《迈向命运共同体 开创亚洲新未来——在博鳌亚洲论坛 2015 年年会上的主旨演讲》，《人民日报》2015 年 3 月 29 日第 2 版。

④ 习近平：《携手建设更加美好的世界——在中国共产党与世界政党高层对话会上的主旨讲话》，《人民日报》2017 年 12 月 2 日第 2 版。

障,是中国传统"和谐共生"安全智慧和生存哲学在当代国家间交往方式中的创造性转化与发展。中国自古以来就既重视国家内部人与人、人与社会、人与国家的和谐,又重视国与国之间的和谐相处、和谐共生,"四海之内皆兄弟""交邻国之道""亲仁善邻,国之宝也""和也者,天下之达道也"等众多论述彰显了中国自古以来执政理念中的包容性,即"和"的理念。① 作为中国文化特质中的核心内涵,"和合"思想潜移默化地影响着中国认识世界、改造世界的价值取向和利益界定,最终使构建人类命运共同体的国际秩序观呈现出鲜明的"和谐共生"的文化特征。②

具体而言,"和文化"历史悠久,内涵丰富,其主要理念包括尚"和"、求"和"、达"和"等。"和文化"是由"和而不同"与"和实生物"这两个核心概念组成的思考世界如何存在、如何发展的文化体系。③ 人类命运共同体主要汲取了"和文化"中的"和合"思想和"和生"思想,以"和合"解读人类文明如何存在和交往,用"和生"解读人类文明如何共存和发展,在方法论上,人类命运共同体将二者结合实现了唯物史观和辩证法的统一。④ "和"字本身就具有不同性质但具有互相渗透融合的性质与趋势的要素聚合在一起的意思,你中有我,我中有你;"合"是讲异质因素的融会贯通。⑤ 习近平主席早已阐明过中国文化的和而不同的思想:"中国人早就懂得了'和而不同'的道理。生活在 2500 年前的中国史学家左丘明在《左传》中记录了齐国上大夫晏子关于'和'的一段话:'和如羹焉,水、火、醯、醢、盐、梅,以烹鱼肉。''声亦如味,一气,二体,三类,四物,五声,六律,七音,八风,九歌,以相成也。'

---

① 周琳娜、戴劲:《文化认同与制度式微:人类命运共同体的思考》,《学术探索》2018 年第 8 期,第 131 页。
② 孙通、刘昌明:《国际秩序观塑构中的文化特质——兼论"构建人类命运共同体"的文化渊源》,《太平洋学报》2019 年第 2 期,第 23 页。
③ 张继龙:《人类命运共同体视角下文化自信构建的辩证考察》,《湖湘论坛》2017 年第 5 期,第 11 页。
④ 张婷婷:《建构人类命运共同体视野下文化自信》,《知与行》2018 年第 4 期,第 74 页。
⑤ 肖群忠、杨帆:《文明自信与中国智慧——构建人类命运共同体思想的实质、意义与途径》,《中国特色社会主义研究》2018 年第 2 期,第 26 页。

'若以水济水，谁能食之？若琴瑟之专壹，谁能听之？'世界上有200多个国家和地区，2500多个民族和多种宗教。如果只有一种生活方式，只有一种语言，只有一种音乐，只有一种服饰，那是不可想象的。"①

在此基础上，习近平主席把本国安全与世界各国安全联系起来，从中国总体国家安全出发，放眼亚洲共同安全，力图共建全球普遍安全。共同安全是习近平普遍安全观的一个重要方面，即尊重和保障每一个国家或区域的安全，全球每一个国家或区域都拥有参与安全事务的权利和维护地区安全的义务和责任。② 共同安全是人类命运共同体的重要保障和战略目标，其所展示的和平发展战略凸显了中国尊重他者的合理安全诉求。③

三 开放创新、包容互惠的发展前景体现了"义利合一"的发展理念

人类命运共同体中谋求开放创新、包容互惠的发展前景彰显了"义利合一"的发展理念，体现了中国传统儒家思想中的"义利观"。中国文化强调义利统一、义利兼顾、取利有道，甚至主张先义后利、重义轻利，舍利取义。中国传统哲学中有很多"义利之辩"：孔子说："君子义以为上"；孟子云："生亦我所欲也，义亦我所欲也；二者不可得兼，舍生而取义者也"；墨子云："义，利也"，"利，所得而喜也"；荀子云："义与利者，人所两有也"；等等。这些国学经典都精辟地指出了在中国传统政治思想中，义与利是统一的，惠及他人之义实则是发展己身之利。先义后利、取利有道、义利统一，反映了中华民族的主流义利观，也是我们一以贯之的道德规范和行为准则，基于此，正确义利观已经成为新时期中国外交的理念创新和实践

---

① 习近平：《在联合国教科文组织总部的演讲》，《人民日报》2014年3月28日第3版。
② 贾文山、王丽君、赵立敏：《习近平普遍安全观及其对构建人类命运共同体的意义》，《中国人民大学学报》2019年第3期，第87页。
③ 郭楚、徐进：《打造共同安全的"命运共同体"：分析方法与建设路径探索》，《国际安全研究》2016年第6期，第22页。

原则。①

"义"字衍生出来的还有"责任",在人类命运共同体的构建中表现为"国际责任",胸怀天下的责任观。作为整体中的一员,任何国家除了追求和维护自己的国家利益,更要有一种长远的人类命运关怀,一种超越自身国家利益的格局和承担起世界繁荣发展的责任感。人类命运共同体的提出是对长期以来由西方主导的霸权责任模式的超越,是构建多元责任模式的一次尝试,即树立了权责共担、同舟共济的新国际责任观。②

另外,开放创新、包容互惠的发展前景还彰显了中国传统文化中"穷则独善其身,达则兼济天下"的传统价值理念。"穷则独善其身,达则兼济天下"出自《孟子·尽心上》,原句为"穷则独善其身,达则兼善天下",意思是不得志的时候就要管好自己的道德修养,得志的时候就要努力让天下人即百姓都能得到好处。③ 实则,依然是"天下观念"中的大同理想和"和文化"中共生共处之道的弘扬与发展。

四 和而不同、兼收并蓄的文明交流体现了"和而不同"的文化内涵

人类命运共同体中促进和而不同、兼收并蓄的文明交流体现了"和合"文化中"和而不同"的文化内涵与"重融合、轻分歧"的价值取向,即"和而不同"的文化包容论。"和而不同"的核心要义是承认文明的独特性,包容文明的差异性,尊重和丰富文明的多样性。《中庸》曰:"万物并育而不相害,道并行而不相悖。"孔子言:"君子和而不同,小人同而不和。"儒家文化倡导"和而不同"思想,这为文化的多元并存和彼此尊重、平等相待奠定了思想基础,深刻反

---

① 秦亚青:《正确义利观:新时期中国外交的理念创新和实践原则》,《求是》2014年第12期,第56页。
② 曹阳:《人类命运共同体的责任观》,《中国社会科学报》2020年5月20日第10版。
③ 潘金娥:《穷则独善其身,达则兼济天下——中国外交文化的价值追求与义利观念》,《人民论坛·学术前沿》2016年第16期,第85页。

映出中华民族"以和为贵"的价值追求,对于维护人类文化、文明的多元性提供了思想价值资源。

文明交流的"和而不同"暗含着不同文明、不同学派的观点,都是相互平等、不分高下的观念。习近平主席强调,"文明是平等的,人类文明因平等才有交流互鉴的前提"①。人类命运共同体思想所蕴含的是"和",是在世界各国文化、经济等方面的多样性基础上寻求和谐,由此达到各国之间的利益最大化,而不是一味追求"同",它所主张的是在尊重不同国家不同民族文化差异、经济发展水平差异的前提下,各个国家共同进步共同发展。任何文明都植根于其独特的文化环境,每一种文明都体现了一个国家或民族的智慧和远见,因此每一种文明都具有独特的价值。不同文明之间应该和谐相处,而不是谋求称霸去主宰其他文明。世界上没有放之四海而皆准的标准,文明也不能只用一把尺子来衡量。文化差异不能通过强制手段来解决,而是应该承认和尊重所有文明都是平等的,这是文明互鉴的基础。

文明交流的"兼收并蓄"包含着"海纳百川、有容乃大"的宽广胸怀。习近平主席强调,"文明是包容的,人类文明因包容才有交流互鉴的动力"②。中国一直重视文化包容的理念,春秋战国时期百家争鸣,各派思想在交锋中交融,在交流中互鉴,达成了诸多共识;汉代董仲舒虽"罢黜百家,独尊儒术",却不乏对其他学说的吸收和学习;魏晋之后,儒、释、道三教在中国合一,形成了多元文明相互包容、互相吸纳的演进态势;明朝郑和远下西洋,留下了和平交往的历史佳话。③ 不同国家的文明都有独特性,这种文化包容的理念有助于化解文明冲突,促进世界文明的共同繁荣发展。

---

① 习近平:《在联合国教科文组织总部的演讲》,《人民日报》2014年3月28日第3版。
② 习近平:《在联合国教科文组织总部的演讲》,《人民日报》2014年3月28日第3版。
③ 徐艳玲、张光哲:《论习近平关于文明交流互鉴重要论述生成的理论逻辑》,《学习论坛》2020年第1期,第9页。

五 尊崇自然、绿色发展的生态体系体现了"天人合一"的生态哲学

人类命运共同体中尊崇自然、绿色发展的生态体系孕育于"天人合一、道法自然"的民族文化土壤中，蕴含着中国传统文化中"天人合一"的自然观。在中国传统文化中，对大自然一直怀有一种敬畏之心，人类与大自然的关系往往被表述为"天人关系"，"天人合一"就是视"金木水火土，天地万物人"为一体的辩证统一思想。① 汉代大儒董仲舒在《春秋繁露·深察名号》中指出："天人之际，合二而一。""天"，意指大自然；"人"，就是人类；"合"就是相互作用、相互成就，人和自然共生于天地之间，在这种二元互动的过程中，世间万物生生不息、浑然一体。②

在生态危机日渐严重的今日，世界上各个国家已经结成了紧密的地球命运共同体。当前环境恶化、气候变暖、能源短缺等问题不断凸显，全球环境治理体系面临领导力缺失、治理碎片化等问题。③ 在此背景下，中国在构建人类命运共同体中提出建设清洁美丽世界，标志着中国将在更广、更深层面介入全球环境治理，并运用中国方案和中国智慧开拓一条生产发展、生活富裕、生态良好的文明发展道路。④ 习近平主席在党的十九大报告中指出："人与自然是生命共同体，人类必须尊重自然、顺应自然、保护自然。人类只有遵循自然规律才能有效防止在开发利用自然上走弯路，人类对大自然的伤害最终会伤及人类自身，这是无法抗拒的规律。"⑤ 追本溯源，中国传统文化中的"天人合一"的生态哲学思想就在提醒，人与自然和谐共处。

总体而言，和合理念与天下一家是孕育人类命运共同体的文化基

---

① 张敏、胡建东：《习近平人与自然"生命共同体"概念的哲学基础及现实指向》，《学术探索》2019 年第 7 期，第 12 页。
② 张敏、胡建东：《习近平人与自然"生命共同体"概念的哲学基础及现实指向》，《学术探索》2019 年第 7 期，第 12 页。
③ 卢光盛、吴波汛：《人类命运共同体视角下的"清洁美丽世界"构建——兼论"澜湄环境共同体"建设》，《国际展望》2019 年第 2 期，第 64 页。
④ 卢光盛、吴波汛：《人类命运共同体视角下的"清洁美丽世界"构建——兼论"澜湄环境共同体"建设》，《国际展望》2019 年第 2 期，第 64 页。
⑤ 习近平：《决胜全面建成小康社会 夺取新时代中国特色社会主义伟大胜利——在中国共产党第十九次全国代表大会上的报告》，《人民日报》2017 年 10 月 28 日第 1 版。

因。推进人类命运共同体落地生根,文化、经济、政治、社会与生态维度"五位一体"建构,并非分离断裂、彼此抗衡,而是在和谐统一中同步追寻最高的理想目标,即实现人类命运共同体。深层次剖析人类命运共同体构建过程中文化、经济、政治、社会与生态五个维度的文化渊源,可见人类命运共同体文化因子贯穿各维度的现实渗透力与感染力。

第二节 文明交流互鉴对构建人类命运共同体的意义

文明交流互鉴是打造人类命运共同体的重要途径。人类命运共同体不仅是利益共同体、责任共同体,也是文明共同体,文明的对话交流、互学互鉴对于人类命运共同体建设具有重要意义。[①]

一 文明交流互鉴有利于凝聚命运共同体建设的"利益共识"

人类命运共同体,顾名思义,就是每个民族、每个国家的前途命运都紧紧联系在一起,应该风雨同舟,荣辱与共,努力把我们生于斯、长于斯的这个星球建成一个和睦的大家庭,把世界各国人民对美好生活的向往变成现实。[②] 从习近平主席对人类命运共同体的定义可以看出,人类命运共同体蕴含着"把世界各国人民对美好生活的向往变成现实"的人民情怀,而这也是世界各国人民的利益所在。

国家利益是国际关系的决定因素,国际关系之道就是追求共同利益之道,是一个求同存异、寻找利益共同点的过程。[③] 由各国相互依

[①] 田国秀:《文明对话与人类命运共同体伦理建构》,《光明日报》2019年7月22日第15版。

[②] 习近平:《携手建设更加美好的世界——在中国共产党与世界政党高层对话会上的主旨讲话》,《人民日报》2017年12月2日第2版。

[③] 康健:《从利益共同体到命运共同体》,《北京大学学报》(哲学社会科学版)2018年第6期,第6页。

赖加深和共同挑战出现而生发的共同利益是人类的命运交会点，即人类命运共同体起于利益共生，但利益的纽带会因为不可避免的利益冲突而断裂，要想实现人类命运共同体长期可持续的构建，必须达成基于共同利益的文化共识。① 反向来看，实际上当今世界冲突中的文明与文化冲突只是表面现象，深层次的依然是利益的冲突。② 但当今国际关系的现实是，少数国家继续推行霸权主义和强权政治。这些国家认为自己的文明高于其他国家的文明，将自己的利益凌驾于别国利益之上，而不是在相互尊重、平等协商、合作共赢的基础上开展国家间交流。人类命运共同体将世界各国、各民族、各人民以及各种政治、经济、社会等利益置于一个错综复杂的利益关系网中，既体现着世界共同发展的利益需求，也在一定程度上有助于化解文明冲突。通过文明交流互鉴，让各国文明在"人类命运共存共生"这一全人类的根本利益基础上达成共识，进而引导各国文明在实现自身发展的基础上走向和谐共生。简言之，只有在不同文明的交流互鉴中凝聚起文化共识，才能实现从利益共同体到命运共同体的转变。

中国倡导的人类命运共同体秉持普世情怀，以人类的利益为利益。中国一如既往地秉承"和"的文化理念，尊重人类的最基本价值诉求，以人类命运共同体的意识与理念指导实践，构建合作共赢的新型国际关系与国际秩序，使中国的"发展经验和红利"惠及全世界，为人类社会发展提供"中国智慧"和"中国方案"。同时，人类命运共同体倡导天下观念，意味着人类需要一场世界观变革。从以国家利益为中心的零和博弈模式，转向以国家利益为主同时兼顾世界利益的合作共赢模式，尤其是在解决涉及多国乃至全球的气候变化、海洋污染、恐怖主义、和平赤字、发展赤字、治理赤字等问题时，更需要有天下一体的整体视野和心胸。当然，以天下为一体并不意味着否认矛盾、一团和气，矛盾和冲突仍是客观的存在，包括国家利益与国

---

① 毕铭：《构建人类命运共同体：从利益共生到文化共识》，《改革与开放》2019年第10期，第1页。
② 左凤荣：《加强文化和文明交流　打造人类命运共同体》，《人民论坛》2017年第28期，第48页。

家利益的不同诉求、资本主义与社会主义的两制关系等。①

二 文明交流互鉴有利于消除命运共同体建设的"文化杂音"

自古以来,由于历史过程、文化形态和社会环境的不同,中西方各自形成了独具特色的文化观念。构建人类命运共同体,首先要面对的就是各民族、国家的文化多元化,不同文明之间的摩擦和碰撞、交流和交融。正如中国外交部前部长王毅所强调的,鼓吹"文明冲突论"或"文明优越论",是与打造人类命运共同体背道而驰的。② 然而,这些声音却不绝于耳。塞缪尔·亨廷顿在《文明的冲突》一书中认为,冷战后的世界,主宰全球的将是"文明的冲突"。在亨廷顿看来,因为在长期的历史发展过程中,西方大多秉持一种"西方中心主义",认为自己的文化是最优越的,并要向全世界推广自己的文化和价值观,这样必然受到别的文化的反对,进而在一定意义上导致文明冲突。③ 另外,文化霸权主义也是命运共同体建设的一大"文化杂音"。文化霸权主义是指以普世价值论为手段,妄图将西方资本主义特殊文化包装为世界普遍文明,传播与推销文化霸权,形成排他性、非包容性的文化交流模式。④ 值得注意的是,无论文化霸权主义穿上如何"文明"的外衣,其实质仍是一种文化强权和文化殖民,严重损害发展中国家的主权利益,同和平发展的时代主题背道而驰,也阻挠了构建"人类命运共同体"的历史进程。⑤ 实际上,随着中国综合国力的增强,以美国为首的西方国家一直试图以意识形态为由分裂中国、西化中国,各种形式的"中国威胁论"纷纷出现,对中国维护现有国际秩序、提升国家形象、扩大国际影响力的努力进行无端

---

① 彭秋归:《世界历史、天下观念与人类命运共同体构建》,《世界社会主义研究》2019 年第 10 期,第 20 页。
② 王毅:《携手打造人类命运共同体》,《人民日报》2016 年 5 月 31 日第 7 版。
③ 肖群忠、杨帆:《文明自信与中国智慧——构建人类命运共同体思想的实质、意义与途径》,《中国特色社会主义研究》2018 年第 2 期,第 26—27 页。
④ 侯玉环:《文化视域下构建人类命运共同体的若干思考》,《理论导刊》2020 年第 2 期,第 119 页。
⑤ 骆郁廷、张蓓:《构建人类命运共同体的文化挑战与应对》,《思想政治教育研究》2019 年第 5 期,第 24 页。

指责，反映出他们对中国发展的谨慎态度和对中国崛起的复杂情绪。

中国倡导的"人类命运共同体"文化是基于各个国家之间的平等交流对话，而不是一方压制另一方形成的霸权文化。历史告诉我们，只有交流互鉴，一种文明才能充满生命力。实际上，所谓的文明冲突并不存在。不同文明之间存在差异是自然的，但差异并不意味着冲突，可以通过不同文明之间的交流、相互学习、对话与合作来解决这一问题。相互尊重不同的文明，包括尊重各国不同的国情，尊重各国人民的思维方式，尊重各国文明在历史上的独特作用，同时尊重文明在当前和未来存在的合理性和延续性。更重要的是，要深刻理解每种文明作为世界文明中不可或缺的一部分，特别是要克服社会制度、意识形态、发展模式等方面的差异给文化交流带来的障碍。中国尊重不同文明的差异性、独特性和多样性，不认为不同文明之间存在冲突。同时，中华文明也没有改变或取代其他文明的意图，强烈反对将不同文明之间的分歧政治化，或使之成为挑起国家间冲突的借口。

人类命运共同体反对任何形式的文化霸权、文化中心主义，倡导多元文化并存，并提出了不同文化交流与互动的原则，即"我们要促进和而不同、兼收并蓄的文明交流，文明相处需要和而不同的精神"。人类命运共同体打破了一个文明对所有其他文明单方向影响支配的模式，尊重文化的多元性与开放性，倡导不同文化的对话与交流，共生共存，有效解决了范式硬化所导致的"文明冲突"。[1] 人类命运共同体与以往霸权主义和强权主义的"冷战思维"和"意识形态挂帅"主导下的国际主义理念有着鲜明差别，具有差异性、超越性、本土性和全球性的特征。[2] 简言之，人类命运共同体倡导文化平等主义，化解和超越文明冲突与敌视。共同体理念搭建了中华本土文化与全球文化联系的桥梁。文化是相通的，全球性和地方性文化、西方和非西方文化等之间并不是"非此即彼"的关系。

---

[1] 周琳娜、戴劲：《文化认同与制度式微：人类命运共同体的思考》，《学术探索》2018年第8期，第133页。
[2] 张继龙：《人类命运共同体视角下文化自信构建的辩证考察》，《湖湘论坛》2017年第5期，第11页。

三　文明交流互鉴有利于增强命运共同体建设的"文化认同"

任何一种文化形态的出现，离不开其深厚的历史因素及社会结构，若要在不同民族、国家的文化之间建立一个文化的"最大公约数"，只依靠文化间性远远不足，还需要建立一种"能够整合不同文化结构的跨文化的意义框架"，这种意义框架超越了对各民族、国家的文化的文本和语境的解释，触及人类文化最深层的结构。[①] 人类命运共同体就是这样一种意义框架，它不是为了消解某一民族的文化，而是在尊重、认同各民族、国家文化的基础上，为解决现代化带来的危机提供中国智慧。

自威斯特伐利亚体系确立以来，国际关系一直处在西方大国主导的阶段，与此国际关系相适应地，形成了"权力政治""零和博弈""文化霸权"等西方强权理念。福山的"历史终结论"和亨廷顿的"文明冲突论"更是把这种强权思维推向历史前端。更为具体的是，在国际贸易保护主义抬头的背景下，新兴经济体一直受到以美国为首的西方发达国家的打压、欺凌甚至遏制。美国不顾其国际信誉，试图通过极限施压和违背承诺等方式来促进自身利益，例如退出国际组织、废除协议、挥舞关税大棒、制造封锁和实施制裁。在文化上鼓吹西方和东方之间的"文明冲突"、白人和有色人种之间的冲突，煽动民族主义情绪。在此背景下，构建人类命运共同体倡导的促进和而不同、兼收并蓄的文明交流就是一条顺应历史发展潮流的文化发展路径。

人类命运共同体在认知层面上形成的共识是"人类只有一个地球，各国共处于一个世界"，强调世界是一个不可分割的整体。其形成"各美其美、美人之美、美美与共、天下大同"的文化认同，为人类命运共同体在全球范围内的建设奠定广泛而深刻的基础共识，构建人类所共有的文化认同大框架。

---

① 周琳娜、戴劲：《文化认同与制度式微：人类命运共同体的思考》，《学术探索》2018 年第 8 期，第 133 页。

四　文明交流互鉴有利于增进命运共同体建设的"共同价值"

如果说历史上各个民族和国家的价值观念所反映的只能是自身的特殊利益和特殊价值，那么，要反映当代人类的共同利益、共同价值，则必须构建一种全新的全球价值观。[1] 文化的核心是价值，价值的载体是文化，当下世界文化形态，在于以多元文化形式为依托的价值多样化分立于世界各地。近年来，中国反复倡导构建人类命运共同体，倡导以国际权力观、共同利益观、可持续发展观和全球治理观为基本内容的全球价值观。中国政府所倡导的这种全球价值观，深刻地反映了全人类的共同利益、共同价值，正在逐步获得世界各国的支持和认同。[2]

人类命运共同体的共同价值区别于西方自由主义宣扬的代表某些强权国家利益的"普世价值"。所谓的"普世价值"，就是西方资本主义国家以自身资本的强势地位，否定其他民族文化存在和发展的合理性，迫使其他民族接受自己的文化特别是蕴含其中的价值观，这是对文化本质的严重扭曲和背离。[3] 西方的普世主义试图用西方的价值观和模式统一世界，其本质仍然是西方霸权和文化优越心态。以往西方国家对非西方国家的文化侵略和西方价值观念的全球性扩张，是通过把西方价值观念所反映的西方价值打扮成"普世价值"来实现的。"普世价值"概念是用特殊价值即西方价值冒充普遍价值，如把西式民主和自由说成唯一可能的民主和自由，说成世界上一切国家民主和自由的范式。[4]

人类命运共同体是人类社会共同的价值愿景和追求，文明交流互鉴是实现这种共同价值的必经之路。也就是说，人类命运共同体的理念孕育着新的全球共同价值。在价值目标上，习近平明确指出，和

---

[1]　黄义灵、汪信砚：《"一带一路"的文化互通与人类命运共同体建设》，《江汉论坛》2017年第12期，第133页。
[2]　黄义灵、汪信砚：《"一带一路"的文化互通与人类命运共同体建设》，《江汉论坛》2017年第12期，第133页。
[3]　张三元：《论资本逻辑与现代性文化》，《江汉论坛》2019年第3期，第76页。
[4]　黄义灵、汪信砚：《"一带一路"的文化互通与人类命运共同体建设》，《江汉论坛》2017年第12期，第133页。

平、发展、公平、正义、民主、自由，是全人类的共同价值。人类命运共同体是人类共同价值的承载，以强调人类"命运与共""息息相关"的价值立场，不同文化和谐共生、共同发展的文化主张，在承认、尊重不同文化价值多样化的基础上，勾连、聚合、涵养人类共同价值。①

第三节　文明交流互鉴与人类命运共同体的互动关系

构建人类命运共同体，促进文明交流互鉴是重要一环。文明内嵌于构建人类命运共同体的逻辑之中，文明交流互鉴夯实人类命运共同体的人文基础。相应地，人类命运共同体的构建，搭建了本土文化与全球文化的对话和交流的共同桥梁，进一步丰富了文明交流互鉴的思想内涵。

一　文明交流互鉴夯实人类命运共同体的人文基础

实际上，在文化、经济、政治、社会与生态五个方面朝向人类命运共同体构建的过程中，文化构筑着人类社会的精神家园，文化认同是最深层的认同，人类命运共同体的文化理念如同毛细血管一般，嵌入并且引导着文化、经济、政治、社会与生态共筑的人类命运共同体现实发展进程。甚至有学者认为，人类命运共同体是当前全球治理的中国方案，在根本意义上，人类命运共同体首先必然是"人类文化共同体"。② 文明交流互鉴对人类命运共同体建设发挥着无可替代的作用。

第一，人类命运共同体在文明对话中孕育。数千年的人类文明史经验告诉我们，文明的进步不是独立发生和发展的，而是相互交

---

① 侯玉环：《文化视域下构建人类命运共同体的若干思考》，《理论导刊》2020年第2期，第115页。
② 陈忠怡、吕科、黄光芬：《跨文化交流与人类命运共同体构建的文化共识》，《云南行政学院学报》2018年第6期，第95页。

流和对话的结果,只有建立在平等基础之上的文明对话才是有效的对话。世界文明需要平等对话,人类命运共同体在中华文明与其他文明的对话中孕育。中华文明是人类命运共同体的思想渊源,而其他文明是人类命运共同体构建的重要参考和补充。在构建人类命运共同体的过程中,人们经常提到"文化输出"的概念,但实际上,"文化交流"或者"文明对话"的概念更容易让人接受。其原因在于"文化输出"必然有"输出国"和"输入国"之分,"文化输出"常常让"输入国"感受到"输出国"的傲慢,甚至产生被"文化侵略"的感受,而"文化交流"或"文明对话"是建立在平等互利的基础上,其逻辑起点是不同的文明没有高低和优劣之分。人类命运共同体倡导文化平等主义,人类命运共同体就在文明交流和对话中孕育。

第二,人类命运共同体在文明互鉴中生长。从人类命运共同体的产生来看,融合借鉴了其他文明的优秀成果。人类命运共同体借鉴西方共同体思想,打破原有"共同体"的虚幻性,将"共同体"理念推向现实社会,乃新时代真正基于利益攸关性、同命相连、共同发展的人类自然聚合体。[①] 文明多样性是人类社会的基本特征,通过文明互鉴,取长补短,既能丰富和完善自身文明与文化的发展,也能在文明互鉴中超越文明冲突,使得各文明之间更加开放包容,影响和带动全球经济、安全、生态等相关问题的缓和与解决。随着中国综合国力的增强,当今中国与世界的关系发生了巨大变化。一方面,国际社会迫切希望深化同中国的交流与合作,了解中国文化和理念,进一步分享中国发展给世界带来的巨大红利。另一方面,由于对中国的历史文化、国情和舆论缺乏全面了解,加之意识形态和价值观念存在差异,一些人对中国仍抱有误解、疑虑、偏见甚至敌意。要增进世界对中国的了解和信任,需要通过多渠道、多层次、多形式的人文交流。

第三,人类命运共同体在文明共生中成形。当今世界"你中有

[①] 侯玉环:《文化视域下构建人类命运共同体的若干思考》,《理论导刊》2020年第2期,第116页。

我、我中有你"的利益交融格局背景下,世界各国文明之间的荣辱与共、互构共生,已经成为当今世界文明关系的显著特征。理想的共生关系是事物之间处于相互依存而又不相害、共同成长而又不相悖,但是组成世界的各个部分可能接近一种和谐共生状态,也可能因为矛盾的存在而彼此冲突。① 共生理论既反对"道不同,互相讨伐"的冲突观,也不认同"道不同,不相为谋"的封闭和清高,而是主张"道不同,互相为谋、为学、学鉴"的对话和共商勇气,共谋世界的和平和发展。②

二 人类命运共同体丰富文明交流互鉴的思想内涵

人类命运共同体既继承了中国优秀传统文化基因,又搭建了本土文化与全球文化的共同桥梁。虽然人类命运共同体的理念由中国首倡,但这一理念既是民族的,更是世界的,是一个关系着全球人类未来命运的根本理念。人类命运共同体由理念向实践转变的过程,也是回答"世界文明向何处去"的过程,更丰富了文明交流互鉴的思想内涵。

一方面,人类命运共同体的构建更加坚定对中国文化的自信。人类命运共同体是中国在对自身文化自信的背景下为全球治理提出的"中国方案"。正如前文提到的,人类命运共同体是中国传统文化中的"和合"思想和"天下"理念在国际层面的进一步深化,也彰显出中国在迎接外来挑战时的自觉和自信。人类命运共同体不仅是文化自信观念在有形和无形层面相互转换的统一,而且是在继承中国传统优秀文化,是中国优秀文化传播途径的典型代表,体现了中国在面对外来文化挑战方面的自信。③ 面对"中国崛起"和"中国威胁"相互交织的国际舆论,这样一种建立在平等、协商基础上的人类价值理

---

① 苏长和:《从关系到共生——中国大国外交理论的文化和制度阐释》,《世界经济与政治》2016年第1期,第7页。

② 苏长和:《从关系到共生——中国大国外交理论的文化和制度阐释》,《世界经济与政治》2016年第1期,第12—13页。

③ 张继龙:《人类命运共同体视角下文化自信构建的辩证考察》,《湖湘论坛》2017年第5期,第12页。

念，为破除周边国家和少数大国对中国崛起的"修昔底德陷阱"的质疑做出实际意义的中国证明，增添了不同国家和地区对中华文化的认同，为中华文化自信建构提供了广阔的国际前景。①

另一方面，人类命运共同体的文化建设推动世界文明的进步。人类命运共同体虽然由中国首倡，但这一理念属于世界，需要世界各国相向而行才能实现。交流互鉴是文明发展的本质要求，人类命运共同体实现是对中华文明和世界文明的深度认识和解读。随着不同文明间交流互鉴增多，"以文明交流超越文明隔阂、以文明互鉴超越文明冲突、以文明共存超越文明优越"将会是文明发展的大趋势。② 这种大趋势下的文明交流互鉴，不仅能够增强中华文化的国际影响力，也有利于促进世界文化的繁荣发展。人类命运共同体着力于改变以往将文化理解为单极主义的"东方化"和"西方化"认知，强调要客观看待文化多元性和自主性。③ 也就是说，文化交流互鉴能够让各国文明在命运共同体中有效实现自身发展。

第四节　文明交流互鉴与澜湄国家命运共同体的关系

文明交流互鉴与澜湄国家命运共同体之间的关系密切，两者间互相影响、相互促进，在互动中共同发展。文明交流互鉴既为构建澜湄国家命运共同体提供历史人文基础和现实发展动力，也是澜湄国家命运共同体建设进程中的应有之义，是不可或缺的环节及内容。而澜湄国家命运共同体为文明交流互鉴提供新的平台。澜湄国家命运共同体是澜湄六国对彼此间共同的价值取向、政治理想及信念。

---

① 张婷婷：《建构人类命运共同体视野下文化自信》，《知与行》2018年第4期，第74页。
② 徐丽曼：《文明交流互鉴视域下中华文化认同初探》，《广西民族研究》2019年第4期，第26页。
③ 张继龙：《人类命运共同体视角下文化自信构建的辩证考察》，《湖湘论坛》2017年第5期，第13页。

一 文明交流互鉴夯实澜湄国家命运共同体的基础

（一）文明交流互鉴夯实澜湄国家命运共同体的历史文化基础

澜湄国家命运共同体构建具有深厚的历史基础，深深地扎根于历史上澜湄六国之间的文明交流互鉴，体现了澜湄各国及民众的共同利益。

在长期的文明交流互鉴历史过程中，中国古代的丝绸、印刷术、瓷器等许多发明创造，通过海道或者陆路传播到湄公河国家，中国对湄公河国家的文化发展进程起到过重要的作用。由于先进的中国文化的传入，一些国家的风俗习惯也得到改变。与此同时，中国也吸纳了湄公河五国的物质和精神文化因素，丰富了其文化内涵。[①] 如果湄公河国家中一个国家的本国文明发展充满勃勃生机，那么将会为其他国文明发展创造条件。一种文明如果长期自我封闭，必将走向衰落。交流互鉴既是文明的保鲜剂，也是文明发展的本质要求，同时也是深化人文交流互鉴、消除隔阂和误解、促进民心相知相通的重要途径，为其他领域的合作提供条件和支撑。

中国与湄公河五国具有源远流长的情谊。例如，缅甸著名史书《琉璃宫史》中记载了一个美丽的传说，缅甸人民一向把中国人民当作自己的"瑞苗胞波"。由于缅甸人和中国人在面貌特征上没有本质的区别，因此缅甸人称呼中国人为"德佑"，"德佑"在缅语中，表示"相同的事物"。近代以来，湄公河五国在反抗殖民主义、帝国主义的斗争中，相互支援。中国与湄公河五国之间的历史交往，形成了共同的历史文化基础，是在文明交流互鉴基础上推动澜湄国家命运共同体建设的前提之一。

（二）文明交流互鉴增强澜湄国家命运共同体的现实发展动力

文明交流互鉴在澜湄国家间产生文化的共性，这种文化共性会为构建澜湄国家命运共同体提供持续不断的动力。

[①] 杨保筠：《中国与东南亚国家关系：历史基础与加强文化交流的新路径》，搜狐网，2018年12月17日，https://www.sohu.com/a/282427135_100255489，访问日期：2020年5月8日。

一方面，文明交流互鉴可以产生新的集体身份认同。亨廷顿认为："文化亲缘关系的国家在经济上和政治上相互合作，建立在具有文化共同性的国家基础之上的国际组织（如欧盟）远比那些试图超越文化的国际组织成功。"① 也就是说，文明交流互鉴可以产生新的集体身份认同。集体认同具有一种共有的和互动意义上的"我群意识"，它来自集体真实或想象的共有属性、经历和其他特征，它构成"集体性"并使之与其他集体区别开来。② 澜湄国家在文明交流互鉴的互动进程中，产生文化的共性，塑造命运共同体的集体身份。起源于中国境内青海唐古拉山的澜沧江，在流经西藏、云南，从西双版纳出境后被称为湄公河，又流经缅甸、老挝、泰国、柬埔寨、越南五国，干流全长 4909 千米，流域面积 81 万平方千米。澜湄国家在文明交流互鉴过程中，不仅逐渐产生了"同饮一江水""同呼吸、共命运"共同集体意识，也培育出了澜湄合作机制。

另一方面，文明交流互鉴是澜湄国家合作的纽带。在澜湄国家命运共同体的建设过程中，六国建立了包括领导人会议、外长会、高官会和各领域工作组会在内的合作架构，确立了"3+5合作框架"，即以政治安全、经济和可持续发展、社会人文为三大支柱，优先在互联互通、产能、跨境经济、水资源以及农业和减贫领域开展合作。文明交流互鉴话语诞生于亚洲文明对话，为世界上不同国家、不同民族、不同文化之间的合作，夯实共建澜湄国家命运共同体、亚洲命运共同体、人类命运共同体提供人文基础、发展动力。文明交流互鉴会产生一种共同的具有主观价值内涵的政治文化，这种文化为建构澜湄国家命运共同体提供积极的政治认知、感情投入等政治心理层次诸要素。这种澜湄国家间的文明交流互鉴为彼此间时下的合作提供了纽带。

二 澜湄国家命运共同体促进澜湄国家间的文明交流互鉴

传统上，中国和湄公河五国的文明交流互鉴主要通过两个平台：

---

① ［美］塞缪尔·亨廷顿：《文明的冲突与世界秩序的重建》，周琪等译，新华出版社 2002 年版，第 7 页。
② 屠酥：《培育澜湄意识：基于文化共性和共生关系的集体认同》，《边界与海洋研究》2018 年第 2 期，第 32 页。

东南亚地区的多边组织和湄公河五国国家间的双边关系。澜湄国家命运共同体的构建为澜湄六国文明交流互鉴提供新的平台,在澜湄国家命运共同体构建的过程中,文化上互学互鉴、求同存异,尊重文化多样化,本质是以文明互鉴超越文明冲突、文明共存超越文明优越,实现澜湄流域文化发展振兴。正如澜湄国家命运共同体概念所揭示的寓意那样,澜湄国家间的文明之间要对话,而不是排斥,要交流,而不是取代。澜湄国家命运共同体的理念为官方及民间在艺术、公共文化服务、非物质文化遗产、文化产业、文物保护、历史文化传承等方面的相互理解与合作,推进各国文明文化发展发挥着积极作用。

(一) 理论功能

从字面理解,文明交流互鉴是指不同国家间文化的互相交流、互相学习。然而,如果仅从文明交流互鉴的字面进行单一理解,将无法发挥其试图超越西方"文明冲突论""文明优劣论"的创新意旨,而会得出片面简单化的理解。例如,泰国学者庞披素·布巴暖(Pongphisoot Busbarat)在论及社会人文合作时,仅列举了2017年9月通过的《澜湄文化合作宁波宣言》,他认为中国开展社会人文合作项目的目的是提升区域共同的文化和认同感,将社会人文合作实际上等同于文化交流活动。[①] 而如果用澜湄国家命运共同体框架进行文明交流互鉴,文明交流互鉴不再是简单的文化交流这种国际社会普遍现象,而是赋予文明交流互鉴以政治高度的责任和使命。因为,"共同体"具有"一起""共同""承担"之意。在滕尼斯看来,"共同体"主要是以血缘、感情和伦理团结为纽带自然生长起来的,其基本形式包括亲属(血缘共同体)、邻里(地缘共同体)和友谊(精神共同体)。无疑,澜湄国家兼具亲缘、邻里、友谊三层含义。

首先,亲属(血缘共同体)关系。从人类学及人类迁移的角度来看,澜湄国家具有共同的祖先起源。同时,湄公河五国分布着大量的华人。近代以来,湄公河五国在完成民族国家的构建工程中,华人是其重要参与者。因此,缅甸、老挝、泰国、柬埔寨、越南的国家文

---

① 刘畅:《澜湄社会人文合作:现状与改善途径》,《国际问题研究》2018年第6期,第99页。

化中天然具有中华文化。

其次,邻里(地缘共同体)关系。中国和缅甸、老挝、泰国、柬埔寨、越南等湄公河五国共同位于东亚,地理位置毗邻,其中每一个国家均与其他三国接壤。澜湄六国本质上是同体共生的。近千年来,澜湄国家之间除短期和局部发生过一些矛盾外,并没有出现像欧洲部分国家那样彼此间大规模的冲突。澜湄国家间的关系模式具有的"东亚精神",形成了不同于西方的认知路径,进而影响到国家间关系实践认知。

最后,友谊(精神共同体)关系。历史上,澜湄国家间以和平交往为主,彼此间的关系更像霍布斯笔下的"朋友"关系,而非"敌人"和"竞争者"的关系。到了近代,澜湄国家共同具有反抗西方殖民、帝国主义的任务。在这一过程中,澜湄国家形成了共同的情谊。

由于有了澜湄命运共同体对文明交流互鉴进行的框定,文明交流互鉴的意涵将指向亲属、邻里和友谊。澜湄命运共同体为文明交流互鉴提供了平台,而目标则为构建血缘共同体、地缘共同体、精神共同体。实质上,这三种共同体一直体现在澜湄国家间彼此的外交方针、官方谈话、外交仪式中,只是没有在理论上进行系统的总结和深化。例如,澜湄合作外长会发表的《澜湄合作外长会联合新闻公报》上,外长们"肩并肩、手拉手"的外交仪式,体现了国与国之间地缘毗邻、精神相通、兄弟袍泽的意涵。近代以来,无论是"和平共处五项原则"还是"与邻为善、以邻为伴""睦邻、安邻、富邻""亲、诚、惠、容"等原则和理念,实质均指向人类命运共同体的构建。

(二)现实功能

首先,促进文化遗产保护。保护文化遗产是澜湄国家命运共同体构建过程中的重要责任。澜湄流域国家是民族多样性和文化多样性富集的地区,有着丰富的物质和非物质文化遗产。然而,工业化、城镇化和全球化步伐的加快,以及由此造成的人们生产生活方式的改变,使澜湄流域国家文化遗产保护面临日益严重的挑战和威胁。[1] 2017年

---

[1] 《澜湄流域国家研讨文化遗产保护》,《人民日报》2017年6月8日第12版。

6月5日至11日，中国、老挝、柬埔寨、缅甸、泰国、越南召开了澜湄流域国家文化遗产保护与推广合作交流会议（昆明倡议）。澜湄国家积极鼓励和支持文化遗产保护、世界文化遗产联合申报、考古调查研究、人类非遗代表作名录联合申报、文物展览、专业人员交流等活动的组织和开展。

其次，推动文化交流。澜湄国家不断深化各项文化建立活动，如澜湄国家青年文化交流营、"澜湄文化行"、澜湄国际电影周、澜湄艺术节等。中国赴湄公河五国的中国游客人数逐年攀升，2015年达到1280万人次，中国已成为泰国和越南最大旅游客源国。

最后，教育合作与人才培养。教育决定着人类的今天，也决定着人类的未来；教育兴则国家兴、教育强则国家强。近年来，湄公河五国年轻人学习汉语的热情高涨，2015年中国和湄公河五国互派留学生总数已超过6万人。2017—2020年中国向湄公河五国提供1.8万人/年政府奖学金和5000名来华培训名额。2018年10月28日，中国倡导的澜湄职业教育培训中心在柬埔寨金边成立。

自人类命运共同体理念提出以来，这一愿景代表着全世界人民共同发展和共同进步的前景，得到了国际社会的广泛支持，并有助于国际社会在日益严峻的全球挑战中实现协同增效，追求更加美好的未来。自2018年全国人大会议将构建人类命运共同体的理念写入宪法以来，中国已将推动构建人类命运共同体的理念转化为一系列的具体行动。澜湄国家命运共同体是首个得到相关国家正式认可的命运共同体，在澜湄国家文明平等的基础上加强文明交流互鉴，既有利于实现澜湄流域文化的发展振兴，也有利于澜湄国家命运共同体的早日实现。

第 三 章

湄公河国家的文明交流互鉴

文明要实现交流互鉴，首先要对湄公河五国的文明状况进行研究。根据前文提出的文明的"四要素"——哲学、艺术、宗教和科学（科技），本章对湄公河国家的文明现状进行研究。

第一节 湄公河五国文明概况

湄公河五国的文明发展，受到宗教尤其是佛教的影响较深。在各国文明发展过程中，各国形成了不同特点的文明。

一 湄公河五国的哲学概况

长期以来，湄公河五国的哲学思想主要是佛教和儒家文化与当地传统文化互融的结果。从缅甸到暹罗（现泰国），再到老挝，宗教在宫廷、首都和都市中心为王权提供象征，僧侣秩序与统治精英建立了亲密的联系。[1] 近代湄公河五国的哲学思想受到西方文化的影响颇深，17世纪以后欧洲帝国主义破坏了宗教和国家的共生关系。[2] 通常，文明冲突会引发地区的动荡，而互鉴却可以丰富文明的内涵。在现代化过程中，湄公河五国不断暴露出社会治理问题。它们不断寻找

---

[1] 《佛教和治国之道长期以来密不可分》，搜狐网，2018年5月7日，https://www.sohu.com/a/230673575_219795，访问日期：2020年5月17日。
[2] 《佛教和治国之道长期以来密不可分》，搜狐网，2018年5月7日，https://www.sohu.com/a/230673575_219795，访问日期：2020年5月17日。

并利用传统哲学思想以平衡西方治理固有的弊端。这种带有"矫正"目的的哲学思想在湄公河五国的发展理念、文化体制、文化政策中均有广泛的体现。

（一）泰国

泰国的哲学融合了多种文明，是对多种文明哲学理念的融合与发展，且集中反映在对国家的治理上。1997 年的金融危机，泰国将社会问题的根源追溯到个人道德层次上。泰国前国王普密蓬·阿杜德（Bhumibol Adulyadej）提出了"充足经济"（Sufficiency/Pho‐phiang Economy）的社会文化发展理念。"充足经济"哲学的核心价值就在于提出了有关人与自然相互依存的理念，以及崇尚分享与克制贪欲的"文化—道德"标准，从而有助于消弭全球化所引起的消费主义的负面影响。[1]"充足经济"是一种强调民众的各层面的行为都应奉行"中间道路"（Middle Path）的哲学观点，努力将佛教变成泰民族的一个标志。"中间道路"的观念源于佛教的"正命"理念，强调社会经济发展过程中的物质与精神的平衡关系。[2]所谓"正命"，即是刻意远离邪命，如：买卖毒品、麻醉品、武器、奴隶，以及供屠宰的动物。2001 年的美国"9·11"事件后，泰国《第十一个国家经济和社会发展规划（2012—2016 年）》中提出恢复宗教在民众道德和生活方式方面所起的作用，宣传正确的宗教教义，推动家庭、学校和宗教三者之间的合作，从道德出发，能包容彼此的不同，创建好的价值观，推动文化的发展。[3]

中国儒家文化、汉传佛教思想对泰国的社会治理也有着广泛的影响。在曼谷唐人街，有一个造福了万千泰国百姓的机构，这就是在泰国家喻户晓的泰国华侨报德善堂。报德善堂是融宗教信仰和慈善义举为一体的民间组织，已在泰发展一百多年。1910 年，泰国著名侨领

---

[1] 周方冶：《全球化进程中泰国的发展道路选择——"充足经济"哲学的理论、实践与借鉴》，《东南亚研究》2008 年第 6 期，第 37 页。

[2] 周方冶：《全球化进程中泰国的发展道路选择——"充足经济"哲学的理论、实践与借鉴》，《东南亚研究》2008 年第 6 期，第 39 页。

[3] 施雁：《21 世纪初泰国文化政策研究——基于宗教与文化遗产的视角》，硕士学位论文，云南民族大学，2019 年，第 28 页。

郑智勇等12人共同发起报德善堂，供奉北宋著名高僧大峰祖师，以"慈善济世"为宗旨，施粥济困、敛尸义葬，帮助了大批来泰国谋生的华侨华人和遭遇不幸的泰国民众。报德善堂是泰国最大的民间慈善机构。泰国报德善堂是广东潮汕民间善堂文化在海外开枝散叶的结果。

1994年，在泰华社会支持下，报德善堂成立华侨崇圣大学，在该校开办中文系教授中文，传播中华文化。善堂设立多项奖助学金，对贫困学生予以资助，并安排新入校学生参观善堂历史，了解中华慈善文化。事实上，无论是水灾、火灾、地震等自然灾害，还是火车相撞、轮船沉没等人为事故，在泰国大大小小的灾难和事故中，华侨报德善堂在社会慈善救济均发挥着重要的作用，扮演的角色已不仅仅是弥补政府公共服务不足，而是在很大程度上支持着政府的公共服务。

（二）缅甸

缅甸哲学的发展在于跨民族间长期的交流与沟通及对外来文化的借鉴。由于缅甸文化是骠、孟、缅、掸等多个民族文化交融而成的，所以从一开始缅甸文化就显示了其兼容的特性。[1] 维克多·金和威廉·怀德在他们的《当代东南亚人类学》中，把东南亚称为一个"低压区"（Low Pressure Area）。诚然，缅甸位于两大文明古国之间，是处于两大文明"高压区"（High Pressure Area）之间的"低压区"，深受中国和印度文化的影响。[2]

西方文化随着英国殖民者进入缅甸，两种截然不同的文化体系发生强烈冲撞导致了缅甸文化带的分化。独立后缅甸政府对传统文化的弘扬和对西方文化积极因素的吸收促进了缅甸文化带的复兴与现代化。[3] 缅甸政府通常从佛教的教义和世界观出发，来对社会治理、文化发展、区域合作的目标作出理解。

---

[1] 钟智翔：《缅甸文化带：一种地域文化的形成》，《解放军外国语学院学报》2000年第5期，第100页。

[2] 姚颖：《印度对东南亚小国的渗透有多强，看看缅甸就知道了》，观察者网，2017年7月18日，https://www.guancha.cn/yaoying/2017_07_18_418684_s.shtml，访问日期：2020年5月17日。

[3] 钟智翔：《缅甸文化带：一种地域文化的形成》，《解放军外国语学院学报》2000年第5期，第99页。

历史上，缅甸佛教与政治保持着紧密的关系，佛教为古代王权提供合法性辩护与支持，现代缅甸的统治者也一直利用这种政治叙事方式，对政权进行合法性论证。缅甸全国民主联盟上台后，政府在构建其政治治理哲学思想时，也同样使用佛教来实现这一目标，佛教深深嵌入民盟的思想和国家治理中。昂山素季用佛教理念来论证民主在缅甸存在的合理性，驳斥了军政府"缅甸社会不宜于民主"的论断。她强调，"统治者必须遵守佛陀的教诲，这些教诲的核心是真理、正义与仁爱。缅甸人民在斗争中所寻求的也正是建立在这些品质之上的政府"。① 同时，昂山素季用佛教阐释民主、人权、自由、非暴力等现代概念，并提出精神革命和参与式佛教，她希望民众能克服安于现状的心态，培养民主和公民权利意识，以及敢于质疑和行动的能力，最终建立民主政治，实行善治。②

（三）老挝

老挝受到佛教的影响也是长期的。佛教在老挝的传播，已有六百年以上历史。老挝人民民主共和国成立前，佛教被老挝王国定为国教。在漫长历史进程中，佛教与老挝的政治、经济、文化、社会生活等各个领域，都有着十分密切的关系。③ 在文化建设方面，弘扬民族传统文化，利用佛教积极因素为社会主义建设服务。老挝人革党和政府高度重视保护和弘扬本民族优秀文化，教育青少年热爱和学习民族传统文化，保护民族文化特色，提倡穿着民族服装，保护文化古迹，兴建文化设施。佛教于14世纪老挝建立统一国家之初传入，已融入社会生活各个方面。老挝人革党在各个时期均重视发挥佛教维护社会和谐稳定的作用。积极制定和出台符合老挝自身实际的宗教政策，把信教群众视为社会主义建设的积极力量。利用佛教来进行爱国主义与公民道德教育。老挝人革党和国家领导人还经常在重大节庆中与民众共同参与佛教活动，以此作为宣传老挝人革党的方针政策和团结广大

---

① 范若兰、赵静：《试析佛教对昂山素季政治思想的影响》，《世界宗教文化》2018年第3期。
② 范若兰、赵静：《试析佛教对昂山素季政治思想的影响》，《世界宗教文化》2018年第3期。
③ 蔡文枞：《老挝佛教浅谈》，《世界宗教文化》1981年第1期。

民众的重要方式。

（四）柬埔寨

佛教为柬埔寨国教，95%以上的居民信奉佛教。伊斯兰教徒占人口的2%，其他占3%。佛教自传入柬埔寨之后，已近1500余年，随着国家发展和社会变迁，而不断消长变化，在柬埔寨的历史上烙下了不可磨灭的印记。柬埔寨文化是在东西融通中成长起来的文明机体。与中、印之间的文明互动改变了古柬埔寨的生活习惯。尽管受到外来文化影响，柬埔寨依旧保留着一些传统习俗。例如，尽管柬埔寨受到印度文明的影响，但古印度盛行的种姓制度在柬埔寨并未被严格执行。

柬埔寨与中国的官方联系建立于3世纪中叶。当时国王范旃于243年派遣使者到吴国贡献乐人和方物，孙权则于243年至252年派遣中郎康泰、宣化从事朱应对柬埔寨进行了回访。南朝萧梁政权时期、唐朝及明朝是中国与柬埔寨交往极为频繁的时期。萧梁时期柬埔寨遣使朝贡10次、中国回访柬埔寨2次，唐朝时分别为20次、1次，明朝时则分别达23次、10次之多。到了当代，中柬两国的交流日益频繁，渗透到经济、教育、文化等各个领域，两国关系正朝着全方位的新型战略伙伴方向迈进。2019年亚洲文明对话大会"亚洲文明全球影响力"平行分论坛上，柬埔寨新闻大臣乔卡纳里表示，亚洲是伟大文明的发源地，亚洲文明一直影响着人们的生活方式、哲学、社会结构以及国家的治理模式，对亚洲以及全世界都具有重要价值。文明并不是必须模仿西方的生活方式和治理模式。面对同样的问题，不同的国家会采取不同的应对措施。了解不同的文明，可以增进理解，以合作的方式促进繁荣。

（五）越南

越南文化受到多种因素的影响：中国古代文化的直接熏染构成了越南文化的基本色调；长期的法国殖民统治留下了难以抹去的欧洲文化痕迹；日本和美国的先后入侵也留下了深深的文化印记，越南人民则通过自己的智慧和辛劳创造出了富有特色的民族文化。

越南文化是亚太地区最古老的文化之一。与其他同样位于中南半岛的国家不同的是，越南由于在历史上受到中国文化很大的影响，其文化特征与东亚民族非常接近，是东亚文化圈的一部分。而其他东南亚国家（如柬埔寨、老挝、泰国）则更多地受到印度文化的影响。中国文化在越南最为典型的代表当数河内的文庙，它见证着越中文化的交流，记载了越南人民对于中华民族文化的珍视与尊重。①

越南之所以能够成为又一个制造中心，从世界最不发达国家之一跨进中低收入国家，非常重要的原因是越南政府革新开放的决心，特别是看到中国改革开放带来的不可思议的积极变化。越南政府认为同样的社会体制，走改革开放的路是可行的，不仅不会削弱反而会加强执政党的领导力。在1986年提出的"社会主义导向的市场经济"框架下，越南政府施行了一系列经济及政治改革措施。

二 湄公河五国的艺术概况

今天，包括缅甸、泰国、柬埔寨、越南和老挝在内的五个湄公河国家，其各国艺术特色和艺术流派的形成与发展都与东南亚地区历史发展进程紧密相关。从对艺术的类型及范围的划分来看，"传统或古典艺术的形式主要包括绘画、雕塑和建筑，而文学、音乐、戏剧、舞蹈、电影和其他现代传媒艺术等也都被包括在近现代艺术广义的类型定义之中"②。因此，结合艺术类型的划分以及各国历史发展进程，湄公河五国的艺术发展和艺术特色流派的形成可以分为以下两个阶段。

（一）传统艺术的发展

尽管至今众多学者对印度教、婆罗门教、小乘佛教和大乘佛教传入东南亚的时间仍存在争议，但不可否认的是，湄公河五国古代艺术的形成与发展均受到上述各类主流宗教文化的重要影响与推动。13世纪以前，东南亚国家普遍信仰的有印度教、婆罗门教、小乘佛教、大乘佛教及密教。③ 由于婆罗门教、佛教以及印度教均起源于印度，

---

① 欧阳康：《革新开放中的越南社会主义——越南哲学与文化感悟》，《南京大学学报》（哲学·人文科学·社会科学）2005年第3期，第17页。
② Honour, Hugn, John Fleming, *A World History of Art*, Laurence King Publishing, 2005, p.21.
③ 阮荣春：《佛教艺术经典·第一卷·佛教艺术的发展》，辽宁美术出版社2015年版，第167页。

印度文明及其宗教艺术在湄公河五国的传统艺术形成与发展过程中起着十分重要的作用。

在印度文明的巨大影响下，湄公河五国早期的传统艺术作品几乎都是基于各国古代人民对相应宗教哲学与宗教美学的领悟与解读进而创造出来的。从公元 2 世纪开始直至公元 18 世纪，湄公河五国现今国家所在区域相继出现过扶南、蒲甘、真腊、占婆、骠国、陀罗钵地、高棉、兰纳、素可泰、阿瑜陀耶等众多古代文明体，湄公河五国早期的传统艺术流派在大量地从印度文明借鉴灵感的同时，也借鉴融合了不同古代文明体的艺术风格，造就了湄公河五国极为多元化的传统艺术特色。

首先，从三类传统艺术形式来看，湄公河五国在传统雕塑、建筑以及绘画方面的艺术风格都受到了印度文明的强烈影响，其中最具代表性的艺术风格当数高棉艺术风格。直至今天，大量存留在柬埔寨、泰国、缅甸以及老挝境内的古建筑遗址和神佛像雕塑群中，都能非常清晰地看到印度文明对其带来的影响。在现今柬埔寨吴哥窟庞大的建筑群遗址中，考古学家们不仅发现了大量来自印度教中三大主神湿婆、梵天与毗湿奴的神像雕塑，也同时发现了较多的"一面四臂"，"多面多臂"[1]的观音佛像，另外"在吴哥窟附近发现的笈多风格的砂岩佛头和佛立像，可以确认至少在 5 世纪至 6 世纪，印度的造像艺术已经波及此地"。[2] 而在缅甸的蒲甘，至今仍较好地保留了建于 11—13 世纪的佛塔建筑群及大量的佛窟壁画。从蒲甘佛塔群遗址的艺术风格以及佛窟中壁画的创作内容及风格来看"早期蒲甘绘画深受南印度绘画的影响"，[3] 并且蒲甘佛塔建筑群难以超越的规模也进一步印证了佛教作为重要的文明形态对缅甸传统建筑艺术带来的深刻影响。此外，在老挝北部，泰国东北部，北部的多个地区，至今仍能看到带有明显印度建筑艺术特点的佛塔及佛寺建筑遗址，这些建筑在

---

[1] 阮荣春：《佛教艺术经典・第一卷・佛教艺术的发展》，辽宁美术出版社 2015 年版，第 171 页。

[2] 刘承萱、迟云：《一带一路・文化之旅：海上明珠》，中国台湾崧烨文化出版社 2018 年版，第 22 页。

[3] 贺圣达：《东南亚文化发展史》，云南人民出版社 1996 年版，第 233 页。

结合本土特点的同时还吸收了大量高棉建筑艺术的影响，发展出了更为独特的"澜湄艺术风格"。在越南，享有盛名的占婆文化对越南的古代艺术的形成与发展奠定了重要的基础，而占婆佛教艺术，主要受到来自印度笈多风格的影响，同时也有堕罗钵底艺术的影响。①

其次，从文学的艺术形式来看，湄公河五国的传统文学艺术作品与戏剧创作同样主要是围绕宣传宗教哲理、传播宗教价值所形成与发展的。在与印度文明的广泛接触与影响下，缅甸、泰国、老挝以及柬埔寨等国在结合本地艺术传统的情况下，创作了许多以《佛本生经》、《罗摩衍那》和《摩诃婆罗多》为基础的文学艺术作品，其中主要以宗教文学为主。《佛本生经》是湄公河五国佛寺壁画艺术创作的主要灵感来源之一，本地故事主要依据这些佛教经典并结合本国的叙事特色所绘制。而《罗摩衍那》和《摩诃婆罗多》这两部源于印度的史诗对湄公河五国的文学艺术发展以及戏剧艺术的形成更是奠定了不可替代的重要基础。以《罗摩衍那》为例，在泰国，《罗摩衍那》被改编成了深受泰老民众喜爱的古代文学剧本《拉玛坚》，同时，《罗摩衍那》在传入柬埔寨后则被改编成柬埔寨最具影响力的佛教作品《罗摩的故事》，而在今天泰国的北部以及云南的西双版纳地区，《罗摩衍那》则被改编成了具有兰纳文化特色的唱词《兰嘎西贺》。泰国国王拉玛二世根据印度史诗《罗摩衍那》提供的素材创作的《卡威》、《猜耶策》、《金螺》和《猜尼披猜》等作品，也获得了很大的成功。②

最后，从戏剧、音乐和舞蹈的艺术形式来看，湄公河五国的传统戏剧作品与音乐作品也主要是从宗教故事和宗教人物中获得创作灵感。柬埔寨的考尔剧和泰国的孔剧都是在印度舞剧文化影响下所创造出来的，其结合了《罗摩衍那》和《摩诃婆罗多》中的故事情节，经过民众的改编与再创作，逐渐发展成为具有其国家民族特色的戏剧艺术。而老挝的民间歌剧莫赫拉姆（Mohlam）和缅甸的平地戏，也

---

① 阮荣春：《佛教艺术经典·第一卷·佛教艺术的发展》，辽宁美术出版社 2015 年版，第 175 页。

② 段立生：《泰国通史》，上海社会科学院出版社 2014 年版，第 156—157 页。

主要是对《佛本生经》、《罗摩衍那》和《摩诃婆罗多》中的宗教故事进行平民化的演绎与传唱。

(二) 近现代艺术的形成与发展

到了 16 世纪，殖民主义在东南亚的兴起与活跃给东南亚各个国家的社会结构与经济政治形态都带来了极大的冲击与改变。随着西方文明的打压与渗透，湄公河五国的传统艺术和文明在与西方殖民文化的碰撞与摩擦中不断地衍生出了新的艺术形式、艺术特色与艺术流派。在已有的传统艺术发展基础上，湄公河五国的近现代艺术的形成与发展受到了更多外来因素的影响，并对湄公河五国现代艺术的发展奠定了重要的文化基础。本书认为给湄公河五国近现代艺术形成与发展带来重要影响的因素主要来自两个方面。

第一，殖民主义在东南亚地区的兴起。

自 16 世纪初，葡萄牙和西班牙的殖民者率先到达了东南亚多个国家，到了 19 世纪末 20 世纪初，缅甸、越南、老挝和柬埔寨的大部分领土已经沦为英国和法国的殖民地，"暹罗虽在政治上保持独立地位，但 19 世纪末英、法通过协议，确定以湄南河河谷为界，划分了双方在暹罗的势力范围"。[1] 这一时期，殖民者通过将西方文明认定为一种"更高级的文明"，以语言学习作为起点，上到皇室君主，下到普通民众都逐渐被殖民者引领着转向对西方文明的学习。具有西方文明特色的艺术与湄公河五国的传统艺术开始碰撞、摩擦与融合。到了 20 世纪初，民族主义以及民粹主义在湄公河五国开始泛滥，民主思想与社会革新思想的广泛传播为泰国、越南和缅甸等国家构建包容的社会文化环境提供了重要基础。

在这一时期，湄公河五国都不同程度地涌现出了大量的具有殖民时期艺术特色的作品。例如，在越南的首都河内，至今都保留了大量具有法国艺术特色的建筑，在缅甸的首都仰光的火车站，政府行政大楼以及部分学校等具有十分鲜明的英式建筑特色。自泰国进入曼谷王朝统治阶段以后，泰国国王及其皇室成员所居住的行宫都很大程度上

---

[1] 梁志明：《东南亚殖民主义史的分期与发展进程》，《东南亚研究》1999 年第 4 期，第 79—83 页。

效仿了英式及法式皇宫的建筑风格,但为保留泰国皇室的传统文化与礼仪制度,泰国皇室的行宫同时又在室内按照泰国传统宫廷建筑风格进行了融合设计。此外,殖民主义的兴起还推动了西方文学艺术、戏剧艺术和音乐艺术在湄公河五国的传播,美国好莱坞也将东南亚视为影视艺术作品创作的重要灵感来源,制作改编出了《安娜与国王》等反映出东西方文明与文化碰撞与融合的影视艺术作品。

第二,华人族群的移民浪潮与华人族群经济崛起。

中国第一次大规模移民东南亚的浪潮,始于17世纪以后欧洲殖民者在东南亚的殖民开发。[①] 到了18世纪,泰国吞武里王朝统治者郑信通过积极地向清朝寻求政治庇护与中国建立了朝贡关系。随后,从18世纪到20世纪,东南亚地区包括湄公河五国在内又先后迎来了几次大规模的华人移民浪潮,华人群体通过在东南亚各国辛勤地经商劳作,促进了该地区商品经济的发展,推进了湄公河五国社会结构的发展与改变,在给该地区带来经济繁荣的同时,也快速推动了各国的文化繁荣与艺术进步。以泰国为例,自泰国吞武里王朝开始,大量的具有中国清朝艺术特色的建筑以及宗教雕塑开始出现在泰国皇室专用的寺庙中。随着华人社区在湄公河五国的不断出现和扩展,中式寺庙与宗祠建筑也开始成为该地区重要的建筑艺术风格。此外,中国经典的文学艺术作品《三国演义》、《封神演义》以及《聊斋志异》对泰国的近现代文学作品创作以及舞台剧创作都带来了重要影响,现今泰国大量的民间戏剧改编自《三国演义》,而泰国的文学作品《帕阿派玛尼》则借用了《聊斋志异》中的许多情节。

综上所述,湄公河五国的传统艺术在充分地吸收了印度文明的基础上,结合其国家自身的特点,发展出了更具湄公河五国地区特色的传统艺术形式与特点。但越南则有所不同,由于越南在古代有很长的一段时期臣属中国,即受到了大量的中国儒家文化影响,其传统艺术的形成与发展则更多地在后期受到了中国的影响。但客观来说,湄公河五国的古代传统艺术其实质主要还是宗教艺术,宗教对其起着重要

[①] 庄国土:《论中国人移民东南亚的四次大潮》,《南洋问题研究》2008年第1期,第69—81页。

且不可替代的支配作用。因此，在湄公河五国的传统艺术的形成与发展阶段，宗教故事、宗教人物、宗教理念和宗教价值成为文化艺术的主要表现对象和内容。①

然而，西方殖民者的到来打破了湄公河五国原有的传统艺术与文化格局。一方面，西方文明的强势冲击使得湄公河五国传统艺术与文化的发展逐渐没落，迫使各国艺术发展步入转型阶段。另一方面，西方文明与中华文明为湄公河五国的近现代艺术发展注入了新的血液，使得各国近现代艺术的发展更趋向现代化，同时也造就了湄公河五国相对开放且包容的艺术文化氛围，使其近现代艺术呈现出层次更加丰富、类型更加多元的发展趋势。

直至今天，丰富的传统艺术资源与多元的近现代艺术文化，都为湄公河五国提供了丰富的旅游资源基础。文化旅游与艺术交流也成为现下澜湄地区一种重要的发展趋势，有效促进了澜湄各国间的文明互鉴以及民间的文化交流。澜湄各国民众通过文化旅游加强了对他国传统及近现代艺术的感知与美的领悟，从而能更好地通过艺术与文化交流有效加深各国民众对"澜湄国家命运共同体"的认同。

三 湄公河五国的宗教概况

从广义上看，宗教和民族问题都属于文化范畴。宗教与文化的密切联系，是文明交往的基本要素之一。宗教作为一种文化软实力，在国际关系中具有无可替代的作用。

(一) 湄公河五国宗教的特点

东南亚是宗教的"万花筒"，综观东南亚的宗教发展，既有这个地区的佛教化、伊斯兰教化、天主教化，也有佛教、伊斯兰教、天主教的东南亚化。② 湄公河五国作为东南亚的重要组成部分，其宗教特点与东南亚地区的宗教特点一致。

湄公河五国的本土宗教相对比较发达。在古代的湄公河地区，大多数国家都持万物有灵的思想，延续至今，湄公河五国的本土宗教依

---

① 段立生：《泰国通史》，上海社会科学院出版社2014年版，第155页。
② 《东南亚宗教的"多元之美"》，《世界知识》2015年第7期，第14—15页。

旧发达，比如高台教、和好教等本土宗教还占有一席之地。随着外来宗教的传入，湄公河五国的本土宗教并没有沉寂，而是在与外来宗教结合的过程中保持了明显的自身特色。比如，缅甸的神灵信仰就与佛教信仰很好地结合起来，多数缅甸民众既拜佛，也拜神灵；越南的高台教则是在外来宗教的基础上创立新的宗教，即把儒释道和天主教的部分内容融合在一起，和好教则是以佛教为基础，融合了越南的祖先崇拜和爱国主义传统。①

世界上的主要宗教在湄公河五国中都有分布。在湄公河五国中，佛教的影响力较强。在湄公河五国中，佛教信徒占比超过半数的国家就有四个，分别是缅甸、泰国、柬埔寨、老挝。佛教传入东南亚的时间较早，在公元5世纪时佛教就传入了东南亚。目前东南亚各国的佛教分为上座部佛教和大乘佛教两大派系，湄公河五国信仰的是上座部佛教。从公元11世纪中叶开始，上座部佛教在湄公河流域的影响力急剧扩大。一方面因为缅甸、泰国、老挝等历史上统一王国的出现需要新的宗教意识形态，上座部佛教成为这几个古国的首选，另一方面，13世纪吴哥王朝的衰败使得上座部佛教从西面乘虚而入，公元14世纪左右，东南亚上座部佛教文化圈基本形成，当时的缅泰老柬古国都成了主要信奉上座部佛教的国家，并且延续至今。此外，湄公河五国的宗教文化深受印度宗教文化的影响，印度教（婆罗门教）、耆那教等印度宗教在湄公河五国还具有较强的影响力。

总体而言，湄公河五国的宗教具有以下几个方面的特点。

第一，湄公河五国都是多元民族和宗教的国家。湄公河五国没有单一宗教国家，这与多元宽容的中国在宗教关系上具有内在联系性，更容易推进中国与湄公河五国的相互理解与合作。以中缅为例，共同的佛教信仰已经成为中缅关系中的重要基石和润滑剂，2017年以来中缅关系之所以出现明显的转机，尤其是缅甸人对中国的观感明显改善，缅甸佛教界对中国的认可是重要原因之一。②宗教本身就是一种

---

① 李晨阳：《宗教"万花筒"的东南亚》，《世界知识》2015年第7期，第17页。
② 李晨阳：《中国与东南亚国家关系中的宗教因素》，《世界知识》2018年第4期，第19页。

文化，要抓住中国与湄公河五国都信仰多元宗教的特点，促进中国与湄公河五国的文化认同。

第二，佛教在湄公河五国中占据绝对的优势地位。湄公河五国中，泰缅老柬四国是以信仰上座部佛教为主的佛教国家，与斯里兰卡以及中国云南的西双版纳、德宏等地区共同构成了上座部佛教文化圈。①泰老缅柬这四大以佛教信仰为主的国家，对同样信仰佛教的国家政府和民族的认可度要相对高一些，这也意味着中国在与湄公河国家开展佛教交流时，要侧重于从小乘佛教的角度开展交流与合作。

第三，湄公河五国的宗教具有多变性和混合性。随着外来宗教的传入，湄公河地区的宗教在与外来宗教进行融合和共处的过程中，很多国家占统治地位的宗教出现了多次变更。最典型的例子是，印度教曾经在一些湄公河国家中占统治地位，柬埔寨著名的吴哥窟就是其代表，但后来随着信仰小乘佛教的泰族人的南下和暹罗的崛起，小乘佛教逐渐在泰、柬、老等国占据统治地位，印度教走向衰落。②这也造成了湄公河五国宗教的混合性。外来宗教在传入湄公河地区之后经历了本土化的过程，使得这些宗教之间进行了融合杂糅。比如湄公河五国的外来宗教印度教和佛教，很难在它们之间划出明显的界线，尤其在佛教密宗中也有显著的印度教色彩，在缅泰柬老等国流行的小乘佛教中，印度教在其礼仪中就起了重要作用。③

（二）湄公河五国的宗教现状

1. 缅甸

缅甸是一个以佛教为主要信仰的国家，信仰佛教的人口占到了其人口总数的80%左右（见表3-1）。缅甸官方没有国教，但在实践中，佛教对缅甸的政治影响很大，甚至有"缅人即佛教徒"④的说

---

① 李晨阳：《中国与东南亚国家关系中的宗教因素》，《世界知识》2018年第4期，第19页。

② 刘金光：《东南亚宗教的特点及其在中国对外交流中的作用——兼谈东南亚华人宗教的特点》，《华侨华人历史研究》2014年第1期，第29页。

③ 刘金光：《东南亚宗教的特点及其在中国对外交流中的作用——兼谈东南亚华人宗教的特点》，《华侨华人历史研究》2014年第1期，第29页。

④ 蔡芳乐：《缅人纳特崇拜概述——基于对西方人类学相关成果的考察》，《西南边疆民族研究》2018年第2期，第144页。

法。这与缅甸民族国家的构建历史有很大的关系。在民族解放斗争期间，捍卫佛教是民族主义者凝聚人心、发动攻势的有力武器，吴欧德玛等高僧一度是缅甸反英斗争的领导力量。① 在缅甸独立后的历次反政府运动中，僧侣都是主力军，在1988年的民主运动和2007年的"袈裟革命"中表现尤其突出。② 缅甸僧侣在1990年还发动过针对军政府的抵制运动，并且拒绝接受来自官员和军人的布施，这无异于不承认上述人员是佛教徒，最后军方抓捕了一批牵头的僧侣才把事件平息下去。③

表3-1　　　　　　缅甸宗教信仰及其占比情况　　　（单位：万人，%）

年份	佛教 人口	佛教 占比	基督教 人口	基督教 占比	民间宗教 人口	民间宗教 占比	伊斯兰教 人口	伊斯兰教 占比	印度教 人口	印度教 占比	其他宗教 人口	其他宗教 占比	总人口
2010	3841	80.1	375	7.8	276	5.8	190	4.0	82	1.7	8	<1.0	4796
2020	4144	79.8	404	7.8	299	5.8	220	4.2	89	1.7	9	<1.0	5191
2030	4362	79.7	427	7.8	312	5.7	243	4.4	93	1.7	10	<1.0	5474
2040	4463	79.7	439	7.8	312	5.6	256	4.6	93	1.7	10	<1.0	5600
2050	4471	79.8	442	7.9	304	5.4	263	4.7	91	1.6	9	<1.0	5606

数据来源：Pew Research Center, "Religious Composition by Country, 2010－2050", https://www.pewforum.org/2015/04/02/religious-projection-table/，访问日期：2020年5月6日。

与其他传统佛教国家相比，缅甸的上座部佛教有一定数量的超越佛教平和形象的极端行为历史记录，从世界范围内来看，缅甸佛教徒也是罕有的坦率而公开地厌恶穆斯林的宗教群体。④ 缅甸信仰伊斯兰教的人较少，作为缅甸的少数宗教族裔，穆斯林群体在缅甸的社会生活和政治生活中被动地处于边缘和消极地位，甚至面临着基本生存安全的威胁。⑤ 穆斯林缅甸不同宗教群体之间的摩擦相对比较普遍，比

---

① 陈阳：《佛韵向东南》，《世界知识》2015年第7期，第18页。
② 陈阳：《佛韵向东南》，《世界知识》2015年第7期，第18页。
③ 陈阳：《佛韵向东南》，《世界知识》2015年第7期，第18页。
④ 章远：《缅甸的宗教间张力和应对局限》，《宗教与美国社会》2014年第2期，第197页。
⑤ 章远：《缅甸的宗教间张力和应对局限》，《宗教与美国社会》2014年第2期，第196页。

如信奉佛教的若开族人和信奉伊斯兰教的罗兴亚穆斯林之间的族群矛盾，即罗兴亚问题一直是缅甸政府的一大难题。近年来罗兴亚问题的"被国际化"趋势也使得"伊斯兰因素"在国际关系中的重要性日益凸显。

作为缅人的原生性本土信仰，目前缅甸国内还存在着部分纳特崇拜。纳特崇拜在佛教传入缅甸之前就早已存在，虽然佛教传入后上部座佛教就成为缅甸占主导地位的宗教，但纳特崇拜在缅人的日常生活中仍旧占有一席之地。佛教传入缅甸后，纳特崇拜并没有消失，而是与佛教相互对抗、相互整合，最终融为一体，两者共同构成了缅人信仰体系中最核心的两面。①

2. 老挝

在佛教传入老挝之前，老挝人主要信神教和婆罗门教。佛教在公元 8 世纪前后就传入老挝，但影响不大，直到 14 世纪法昂王统一老挝，随后佛教被定为老挝的国教，佛教才几乎成为全民的共同信仰。1975 年老挝人民民主共和国成立后，虽然没有明确规定佛教为国教，但考虑到老挝的社会、文化特点，老挝人民革命党和老挝政府仍对佛教进行了有效的继承和发展，佛教的节日和风俗习惯在老挝有着完整的保存。② 2020 年全国有 64% 左右的人口信仰佛教（见表 3-2），共有 4884 座寺庙，35058 名僧人，56 所僧侣学校。③ 佛教深植于老挝的文化中，在老挝的政治社会生活中发挥着利大于弊的作用。

除了佛教，老挝还有基督教、伊斯兰教、巴哈伊教等，但由于历史和文化的原因，这些宗教在老挝信仰的人数相对有限。值得一提的是，万物有灵的思想在老挝并未绝迹，目前在老挝北部山区的一些少数民族仍然有鬼神崇拜的现象，并且祭祀鬼神的活动与佛教在祈福消灾等领域的活动具有一些共同点，因此在老挝佛教的传播过程中也夹

---

① 蔡芳乐：《缅人纳特崇拜概述——基于对西方人类学相关成果的考察》，《西南边疆民族研究》2018 年第 2 期，第 144 页。

② 曾传辉：《马克思主义宗教观研究（2014）》，社会科学文献出版社 2017 年版，第 294 页。

③ 孙钢：《澜湄一脉 梵音相闻 国家宗教局代表团访问老挝侧记》，《中国宗教》2017 年第 7 期，第 70 页。

杂了一些鬼神崇拜的内容。① 就目前的发展趋势而言，老挝国内的宗教氛围总体良好，并未出现因宗教问题而产生的大规模冲突和暴乱现象，如果老挝国内局势和宗教政策不出现明显变化，那么未来保持现有良好状态的可能性很大。②

表3-2　　　　　　老挝宗教信仰及其占比情况　　　（单位：万人，%）

年份	佛教 人口	佛教 占比	民间宗教 人口	民间宗教 占比	基督教 人口	基督教 占比	伊斯兰教 人口	伊斯兰教 占比	印度教 人口	印度教 占比	其他宗教 人口	其他宗教 占比	总人口
2010	410	66.1	191	30.8	9	1.5	<1	<1.0	<1	<1.0	5	<1.0	620
2020	463	64.0	237	32.7	11	1.5	<1	<1.0	<1	<1.0	5	<1.0	724
2030	503	61.6	287	35.1	12	1.5	<1	<1.0	<1	<1.0	6	<1.0	817
2040	523	59.2	330	37.4	13	1.5	<1	<1.0	<1	<1.0	7	<1.0	883
2050	527	56.9	368	39.7	14	1.5	<1	<1.0	<1	<1.0	7	<1.0	926

数据来源：Pew Research Center, "Religious Composition by Country, 2010－2050", https://www.pewforum.org/2015/04/02/religious-projection-table/，访问日期：2020 年 5 月 6 日。

3. 泰国

泰国的宗教主要有佛教、伊斯兰教、天主教和印度教。佛教是泰国的国教，90% 以上的国民信仰佛教（见表3-3）。从宗派上来看，泰国主要信仰的是小乘佛教。除了国教佛教，还有一些少数民族信仰其他宗教，例如马来族信奉伊斯兰教，还有少数民众信仰基督教、天主教、印度教和锡克教。③ 近代以来，泰国是世界上军事政变最多，权力交替最频繁的国家之一，但泰国的佛教思想赋予了国王不可侵犯的权威，从另一方面保证了社会的稳定。④

---

① 曾传辉：《马克思主义宗教观研究（2014）》，社会科学文献出版社 2017 年版，第 295 页。
② 曾传辉：《马克思主义宗教观研究（2014）》，社会科学文献出版社 2017 年版，第 299—300 页。
③ 王贞力、林建宇：《泰国南传上座部佛教与泰国政党的互动关系研究》，《东南亚纵横》2018 年第 3 期，第 90 页。
④ 《中国学者：宗教文化或可推动"澜湄合作"有序展开》，中国新闻网，2016 年 10 月 19 日，http://www.chinanews.com/cul/2016/10-19/8036992.shtml，访问日期：2020 年 6 月 13 日。

表 3-3　　　　　　　　泰国宗教信仰及其占比情况　　　　（单位：万人，%）

年份	佛教 人口	佛教 占比	伊斯兰教 人口	伊斯兰教 占比	基督教 人口	基督教 占比	印度教 人口	印度教 占比	民间宗教 人口	民间宗教 占比	其他宗教 人口	其他宗教 占比	总人口
2010	6442	93.2	377	5.5	60	<1.0	7	<1.0	6	<1.0	<1	<1.0	6912
2020	6612	92.6	429	6.0	65	<1.0	8	<1.0	6	<1.0	<1	<1.0	7142
2030	6611	91.9	477	6.6	69	<1.0	10	<1.0	6	<1.0	<1	<1.0	7195
2040	6446	91.1	523	7.4	71	1.0	11	<1.0	6	<1.0	<1	<1.0	7079
2050	6119	90.1	561	8.3	72	1.1	12	<1.0	6	<1.0	<1	<1.0	6791

数据来源：Pew Research Center，"Religious Composition by Country, 2010-2050", https://www.pewforum.org/2015/04/02/religious-projection-table/，访问日期：2020 年 5 月 6 日。

4. 柬埔寨

在古代柬埔寨，存在着形式多样的本土固有宗教信仰，如固有的鬼神崇拜、自然崇拜和万物有灵等。佛教传入柬埔寨可追溯到公元 4 世纪之前，古代柬埔寨（中国古书为扶南）是古代印度与南洋诸国的交通要道，随着扶南与印度商人民间贸易往来的增多，婆罗门教和大乘佛教在扶南人民中广泛流传，两种宗教并峙在扶南国内。[①] 公元 13 世纪中叶，小乘佛教传入柬埔寨，逐步取代原来婆罗门教、大乘佛教和原始宗教的地位。[②] 柬埔寨获得民族独立后，执政党对宗教给予了大力的支持，小乘佛教成为柬埔寨的国教。

柬埔寨 96% 以上的人口信奉佛教，有 100 多万人信奉其他宗教，其余有一定影响力的宗教包括：伊斯兰教、天主教、原始宗教、婆罗门教等。近代以来，柬埔寨的小乘佛教一直分为摩诃尼迦派（Mohanikay）和达摩育特派（Thamayut）两大派，前者势力更大。伊斯兰教现在是柬埔寨第二大宗教，教徒人数约占柬埔寨总人口的 2%。柬埔寨的穆斯林大多生活在柬埔寨南部的磅湛地区（Kompong Cham）和沿海一带，其余散居全国各地，在民族上大多属于占族人，少数属于马来民族，在教派上大多属于逊尼派的沙斐仪派。柬埔寨大约有

[①] 刘永焯：《柬埔寨宗教概况》，《印支研究》1983 年第 1 期，第 19 页。
[②] 罗桂友：《柬埔寨宗教的演变》，《印度支那》1987 年第 4 期，第 60 页。

100多座清真寺；金边附近的克罗昌格瓦清真寺最为著名。柬埔寨的天主教徒约占全国人口的1%，主要成分是越南人、华人以及高棉人。柬埔寨的原始宗教主要存在于生活在柬埔寨山区的居民中，数量较少。

表3-4　　　　　　柬埔寨宗教信仰及其占比情况　　　（单位：万人，%）

年份	佛教 人口	佛教 占比	伊斯兰教 人口	伊斯兰教 占比	基督教 人口	基督教 占比	印度教 人口	印度教 占比	民间宗教 人口	民间宗教 占比	其他宗教 人口	其他宗教 占比	总人口
2010	1369	96.8	28	2.0	5	<1.0	<1	<1.0	8	<1.0	<1	<1.0	1414
2020	1569	96.8	32	2.0	6	<1.0	<1	<1.0	9	<1.0	<1	<1.0	1621
2030	1731	96.8	36	2.0	7	<1.0	<1	<1.0	10	<1.0	<1	<1.0	1789
2040	1840	96.7	39	2.0	7	<1.0	<1	<1.0	11	<1.0	<1	<1.0	1902
2050	1909	96.7	41	2.1	7	<1.0	<1	<1.0	12	<1.0	<1	<1.0	1974

数据来源：Pew Research Center, "Religious Composition by Country, 2010-2050", https://www.pewforum.org/2015/04/02/religious-projection-table/，访问日期：2020年5月7日。

5. 越南

与其他湄公河国家相比，越南值得注意的是该国本土宗教和民间信仰的影响力。越南的民间信仰根基深厚，尤其是高台教和和好教具有较大的影响力。越南的高台教和和好教是越南特有的两种宗教。高台教形成于20世纪20年代，融合了多种传统宗教和信仰，是越南的第三大宗教。佛教是越南的第一大宗教，全国有75%的人受过佛教教育或影响。[①] 从信仰人口来看，佛教信仰人口占越南国家总人口的16%左右（见表3-5）。越南的佛教徒主要从属于大乘佛教禅宗和净土宗，另有高棉人信奉南传上座部佛教。[②] 此外，越南还存在着少量的伊斯兰教、巴哈伊教和摩门教。

[①] 陈阳：《佛韵向东南》，《世界知识》2015年第7期，第17页。
[②] 李政阳：《"一带一路"倡议实施中的越南宗教风险研究》，《世界宗教文化》2018年第2期，第38页。

表 3-5　　　　　　越南宗教信仰及其占比情况　　　（单位：万人，%）

年份	民间宗教 人口	民间宗教 占比	佛教 人口	佛教 占比	基督教 人口	基督教 占比	伊斯兰教 人口	伊斯兰教 占比	印度教 人口	印度教 占比	其他宗教 人口	其他宗教 占比	总人口
2010	3975	45.2	1438	16.4	717	8.2	16	<1.0	<1	<1.0	35	<1.0	8785
2020	4336	45.0	1556	16.2	807	8.4	18	<1.0	<1	<1.0	39	<1.0	9632
2030	4538	44.7	1631	16.1	863	8.5	19	<1.0	<1	<1.0	42	<1.0	10142
2040	4623	44.4	1664	16.0	906	8.7	20	<1.0	<1	<1.0	43	<1.0	10402
2050	4579	44.0	1659	15.9	931	8.9	20	<1.0	<1	<1.0	43	<1.0	10404

数据来源：Pew Research Center, "Religious Composition by Country, 2010 – 2050", https：//www.pewforum.org/2015/04/02/religious – projection – table/，访问日期：2020 年 5 月 7 日。

四　湄公河五国的科技概况

湄公河五国和中国同属发展中国家，亟须通过科技改变各国相对落后的局面，在科技交流与合作方面，具有广阔的潜力。在科技方面的交流互鉴，主要涉及科技政策、科技项目规划、科研机构与科技人员三方面。由于湄公河五国的科技发展状况具有一定的相似性，因此下面就从这三方面对湄公河五国的科技发展状况进行概述。

（一）湄公河五国的科技政策

湄公河五国十分重视科技发展，在科技政策上，更加注重顶层设计和法律制度的设计，以及实务部门的参与。

湄公河五国大多通过法律与制度的方式，确定本国的科技政策。以缅甸为例，缅甸从建国初期就专门制定了鼓励科技创新的法案（Act）和法律（Law），从 1954 年缅甸政府出台《缅甸联邦应用技术研究机构法案》（*The Union of Burma Applied Research Institute Act*）到 1994 年颁布《缅甸科技发展法》（*Science and Technology Development Law*），再到 2018 年《缅甸科学、技术和创新法》（*Science, Technology and Innovation Law*），这体现了对科技创新政策的制度化和法制化进程，增强了对科技创新的支持力度。

柬埔寨则是在国家层面进行顶层设计。其在 2014 年成立了国家科技委员会（National Science and Technology Council，NSTC），该委员会规格很高，其主席是柬埔寨首相，而且在全国各个省还设立了分委员会。

2015年5月，该委员会设立了秘书处，专门负责促进柬埔寨的科技发展。柬埔寨国家科技委员会涵盖了国家政策计划与金融部（Deparment of Policy, Administration Finance and ICT）、合作与人力资源部（Department Cooperation and HR Development）、国家研究、发展与基础设施部（Department of National Research & Development and Infrastructure）、监测和评价司（Department of Monitoring and Evaluation），等等部门。

在科技政策的制定过程中，湄公河五国的共同特点是，在中央层面更广泛地吸收决策和实务部门，并在这些部门之间展开实质性的充分讨论，确定其科技政策。缅甸成立了"国家科学、技术和创新委员会"，这虽然是一个部际的委员会，但涵盖了农业部、交通运输部、自然资源和环境保护部、电力和能源部、工业部、教育部、健康和体育部、计划和金融部、社会福利信仰和再定居部以及国际合作部等部门。这些实务部门可能比单纯的科技部门更懂得在哪些方面更应该鼓励创新，提出的创新政策可能更具有针对性，更能反映最需要支持的科技创新项目。

（二）科技项目规划

湄公河五国由于经济实力较弱，政府在科技项目规划过程中十分重视其资金的使用效率，因此，在科技项目规划过程中十分重视非政府机构的参与。在科技项目规划方面，一些湄公河国家如泰国和缅甸等国在科技政策制定过程中会组建专门的、由非政府机构参加的、类似于咨询委员会的机构，参加的成员有国家教育政策委员会、商业和工业联盟、机械委员会（协会）、计算机基金会、技术专家委员会、青年企业家协会等社会机构。老挝也有类似的规划。

（三）科研机构与科技人员

总体来看，湄公河五国的科研机构和科技人员的比例是落后于世界其他国家的，与中国相比也有较大的差距。以柬埔寨为例，其科技方面的主要指标见表3-6。

对比中国数据，可以看出湄公河五国与中国之间的差距。截至2017年，中国研发人员总量连续五年稳居世界第一，达到8705万人，比上年增长4.9%，折合全时工作量人员为403.4万人每年，这也是我国R&D人员总量（全时当量）在2013年超过美国之后，连续 5 年居世界第 1 位。在科研人员的学历方面，中国近 2/3 都具备本科以上学历。从科技人才分布执行部门来看，中国科研人员主要分布在企业、研究与开发机构、高等学校三大类部门，其中企业所占比重最大，企业科研人员所占比重一直维持在 70% 以上。

表 3-6　柬埔寨研发人员按年度实现的关键人力资源管理指标（单位：万人）

每百万\年份	2015	2019	2020	2021	2022	2023	2024	2025
研发人员	52	180	252	364	502	664	851	1064
全时工作人员	31	108	152	220	287	377	501	662
技术人员	83	102	113	130	150	175	203	235

因此，从科技的角度来看，湄公河五国在科技投入、科技人员数量以及对科技政策的支持力度上，都远远落后于中国。因此，科技交流与互鉴是未来中国推动构建澜湄国家命运共同体的一个重要方面。

第二节　湄公河国家的文明交流互鉴

在历史上，湄公河国家之间的文明交流互鉴不绝于史，为今后的文明交流互鉴和澜湄国家命运共同体建设提供精神方面的支持。

一　湄公河五国的文明交流互鉴现状

（一）政治合作机制中的不同文明及国家

带有不同文明背景的各国，其在政治合作机制中的互动便也带来了不可避免的不同文明之间的交流互鉴。东盟一体化从开始至今已经走过了 50 余年路程。2008 年《东盟宪章》以法律形式明确建立了"东盟共同体"的战略目标[1]，2015 年 12 月 31 日"东盟共同体"宣告正式成立。可以发现，东盟一体化在制度方面的建构进程是不断发

---

[1] Association of Southeast Asian Nations：The ASEAN Charter，https：//www.asean.org/storage/images/archive/publications/ASEAN - Charter.pdf，访问日期：2020 年 5 月 9 日。

展的。但与此同时，相较于政治合作机制上的稳步推进，成员各国间的地区认同发展效率较为缓慢，前后二者间形成了一定程度的结构性张力与冲突。

厄恩斯特·哈斯（Ernst B. Haas）在其新功能主义理论中提出，一体化是"将其效忠、期望和政治活动转移到一个拥有或者被要求拥有高于现存国家管辖权的新的中心的过程……其结果是产生一个高于现存的政治实体的新的政治共同体"。[1] 在这一过程中，新的观念模式所产生的新规则的政治外溢，是在一体化进程中建构新的超国家层次政治共同体的客观需要。在这一过程中，一体化范围内的群体所效忠的对象跨越民族国家的范畴，而转向超国家层面的新的机构。这一理论认为，一体化可以通过外溢机制从技术性部门转向政治性部门，并可以在民族国家和超国家两个层面同步展开[2]。

从政治认同的角度而言，每一个处于区域一体化进程中的个体都将在一定的范围框架内具有多层次的认同，主要包括地理的和民族身份的两个方面，即地区认同以及民族认同。地区认同指"若干地理上接近并相互依存的国家在观念上与本地区其他国家的认同以及将自身视为地区整体一部分的意识"，[3] 民族认同在广义上指对特定民族国家的认同即国家认同，狭义上则特指族群认同[4]。在东盟一体化形成的进程中，主要涉及的就是以东盟范围为对象的地区认同，以及以东盟各民族国家为对象的民族认同，在此过程中个体效忠的对象超越后者转移到前者之上，从而实现一体化进程中的效忠转移。在东盟共同体的愿景文件《东盟2025：携手前行》中，根据东盟共同体的三大支柱之一"社会文化共同体"部分的规划蓝图，对东盟身份认同

---

[1] Ernst B. Haas, *The Uniting of Europe: Politics, Social, and Economic Forces, 1950–1957*, Stanford University Press, 1968, p. 16.

[2] 金新：《论东盟一体化中效忠转移的困境——从认同政治的视角考察》，《太平洋学报》2013年第6期，第46—48页。

[3] 刘兴华：《地区认同与东亚地区主义》，《现代国际关系》2004年第5期，第18页。

[4] 金新：《论东盟一体化中效忠转移的困境——从认同政治的视角考察》，《太平洋学报》2013年第6期，第48页。

的构建正是共同体建成尚需完成的重要工作之一①。在东盟十个成员国之间，由于政治制度、社会与经济水平、民族宗教、语言文化等都存在较大差异，愿景文件提出的这一工作蓝图体现出，东盟共同体内部在社会文化方面同样意识到了目前共同身份认同的相对不足。

再将范围缩小至湄公河五国内部。湄公河流域的地区范围较之东盟而言更小，同属陆地或半岛国家的湄公河五国，其民族间的联系较之东盟其他海岛国家更为紧密。湄公河五国中，除泰国外，其余四国都是在第二次世界大战后新建立的民族国家，国民对本国的民族认同相对较弱。但与此同时，这些国家内部存在一定族群、民族冲突，民族认同的构建刚刚开始。此外，由于地缘上的相邻，国家之间实力差距的存在，或由于资源及利益上的争夺而导致的冲突也在实践中对地区身份认同的构建产生了极大的阻碍。因此，湄公河五国的地区身份认同在东盟一体化背景下还需要进一步地深入发展构建。

然而，湄公河五国间在国家层面的交流为地区身份认同提供了重要的基石。从新区域主义理论的角度看，区域认同的意识与区域一体化密切相关，区域认同与区域融合度呈正相关关系。由于东南亚区域范围内的"机制重叠"现象在湄公河次区域范围内同样存在，这一地区合作环境为五国提供了在政治机制上沟通与互动的基本前提。这类相较更为频繁的、多领域的、多层次的交往互动，为五国间的集体身份认同提供良好的信任基础，在此信任基础上湄公河国家间的外交互动又将进一步得到加强，由此可以形成一个不断自我加强的行为闭环，从而提升区域认同。例如在缅甸蒲甘举办的澜湄国家文化遗址管理培训班，湄公河五国及中国的专家交流文化遗址保护的经验与管理办法，传承共同的文化记忆，巩固传统友谊②。

在实践中，湄公河五国内部存在着各种次区域合作机制，如大湄公河次区域经济合作（GMS）、越南—老挝—柬埔寨—泰国东北部—缅甸的沿东西经济走廊、柬埔寨—老挝—越南发展三角、柬埔寨—老

---

① "ASEAN Social - Cultural Community Blueprint"，http://www.asean.org/archive/5187-19.pdf，访问日期：2020年5月9日。

② 《澜湄六国专家共商文化遗址保护合作》，新华社，https://baijiahao.baidu.com/s?id=1625997005827365596&wfr=spider&for=pc，访问日期：2020年5月9日。

挝—泰国翡翠三角等；五国也不乏与次区域外部行为体的各类合作机制，如东盟—湄公河流域发展合作计划、澜沧江—湄公河合作机制、湄公河—日本合作等。多重合作机制在湄公河次区域的重叠，为湄公河五国与东盟及东盟域外大国充分的文明交流互鉴提供了政治合作机制的基础。

（二）跨国旅游合作

跨国旅游是各国间社会人文层面开展文明交流互鉴活动的重要方式之一，同时，旅游业也是湄公河五国经济的重要组成部分。旅游业是泰国、老挝、柬埔寨国民经济增长的支柱产业和收入来源之一，对缅甸和越南的经济增长也起到了重要的推动作用。由于得以带动本国经济发展，湄公河五国在推动跨国旅游上具有较强的内生动力，而地区间的文明交流互鉴也能得到相应的提升。

在文明沟通和情感认同方面，湄公河五国虽然因各具特色的文明底色而存在一定差异，但五国文化中所具有的共性以及对和平理念的共同追求，使五国之间的文明交流互鉴具有天然的内生动力。在当今的国际社会中，普通民众之间的交往对增强各国文明交流互鉴、促进跨国文明和平共处与融合具有重要的作用。跨国旅游迅速增长，日益成为传播文明、交流文化、增进友谊的桥梁，增强人民亲近感的最好方式，[1] 推动世界不同地区的民族和文化的相互碰撞和了解，消除各地区原本的孤立、隔阂与误解，可以从最基本的层面上促进世界和平[2]，为地区之间发展友好关系和创造和平提供一个相互都能接受的传导媒介[3]。

在实践中，来自不同文明体系的各个国家在跨国旅游合作中亦有丰富的探索。中国与东南亚国家在中国—东盟合作机制框架之下广泛开展双、多边合作，其中跨国旅游合作区建设成为各国间促进民间交

---

[1] 国家旅游局：《中国旅游发展报告（2016）》，豆丁网，http://www.360doc.com/content/18/0612/14/7130239-761710666.shtml，访问日期：2020年5月9日。

[2] Jafar Jafari, "Tourism and Peace", *Annals of Tourism Research*, Vol. 16, No. 3, 1989, pp. 439-443.

[3] Pearce Douglas, "Tourism: The World's Peace Industry", *Business Quarterly*, No. 3, 1988, pp. 79-81.

往、加强睦邻互信的重要手段①；2019年11月，2019澜沧江—湄公河区域旅游合作工作会在中国昆明召开，中国与湄公河五国代表就促进区域旅游深入交流与务实合作进行交流探讨，并发表《昆明共识》；②同月，澜沧江—湄公河文化旅游交流暨中老柬历史古迹自驾游活动在中国昆明启动，旨在探索澜湄地区旅游新形势，深化流域国家的文化旅游合作③；同样在当月，第44届大湄公河次区域旅游工作组会议、湄公河旅游协调办公室董事会会议等相关会议在柬埔寨金边举行，大湄公河次区域国家旅游组织、亚洲开发银行、湄公河旅游协调办公室、中国—东盟中心、日本—东盟中心、韩国—东盟中心均有代表参会④；2018年7月，湄公河旅游论坛在泰国举行，吸引了来自湄公河五国及中国的政府官员、学者、旅游发展商⑤；2016年12月，澜沧江—湄公河旅游城市合作联盟工作推进会在昆明举行，中国云南省与湄公河各国相关省市就旅游产业的相关合作宣传及产品开发进行广泛深入的合作⑥。这些在旅游方面的跨国合作实践，充分证明各国政府已经开始注意到旅游在推动文明交流互鉴以及各国社会经济共同发展过程中的重要性。

在科技交流与互鉴方面，中国与湄公河国家已经形成了多种科技交流合作的平台与机制。如大湄公河次区域农业科技交流合作组理事会，中国—南亚农业科技交流合作组理事会，以及现代化农业科研院

---

① 赵政原：《"一带一路"背景下跨国旅游合作的国际政治经济学分析》，《文化产业研究》2018年第2期，第196页。
② 《2019澜沧江—湄公河区域旅游合作工作会发布〈昆明共识〉》，缅华网，https://www.mhwmm.com/Ch/NewsView.asp? ID=42021，访问日期：2020年5月9日。
③ 余俊杰、姚兵：《澜沧江—湄公河国家深化文化旅游合作》，东方网，http://news.eastday.com/eastday/13news/auto/news/china/20191116/u7ai8918805.html，访问日期：2020年5月9日。
④ 中国—东盟中心：《中国—东盟中心代表出席第44届大湄公河次区域旅游工作组会议》，中国报道网，http://www.chinareports.org.cn/djbd/2020/0119/12810.html，访问日期：2020年5月9日。
⑤ 《2018湄公河旅游论坛在泰国举行》，东方网，http://news.eastday.com/eastday/13news/auto/news/world/20180627/u7ai7853785.html，2020年5月9日。
⑥ 商务部驻昆明特派员办事处：《六国共建澜湄旅游城市合作联盟》，http://www.mofcom.gov.cn/article/resume/n/201612/20161202406112.shtml，访问日期：2020年5月9日。

所建设与现代农业发展、跨境农业产业经济带建设等专题研讨与活动，等等。这些活动主要涉及农业现代化和发展，因为湄公河国家基本上都处于前工业化时代，经济发展形态以农业为主，工业基础薄弱，第三产业大多以旅游业为主。因此，中国和湄公河五国的科技交流与互鉴呈现出明显的单向性，即中国在科技资金支持、科技人员数量与质量、科技人员的培训等方面都拥有巨大的优势。而湄公河五国在这些方面远远落后于中国，双方在科技交流与互鉴方面具有天然的潜力。

（三）东盟与湄公河五国的文明交流互鉴

东盟地处亚澳两大洲以及太平洋和印度洋之间，具有十分重要的地理战略位置。在1976年巴黎峰会上，东盟对外政策的基本诉求确立为"和平、自由和中立区"。这一理念在其后的不同时期虽然有不同的理解和偏重，但东盟处在各域外大国的强大影响之下，巧妙地在东南亚地区保持了域外各大国间的整体利益平衡，尽力维持其在地区事务中所拥有的话语权与主导权。这一理念从本质上说可以归纳为一种均势战略，却是一种东盟本地化了的均势战略实践，以维持大国在本地区内的基本平衡作为最终目标，一反大国作为离岸平衡手的先例，而是由小国扮演平衡手的角色，将大国变成了地区平衡状态的筹码。

正如前文所述，东盟在社会文化层面上呈现出极大的多样性与碎片化。包括湄公河五国在内的所有东盟国家都是多民族国家，包括儒教、佛教、伊斯兰教、基督教等世界主要宗教在内的几乎所有宗教都聚集在这一区域内，民族与宗教问题的交杂重叠，使这一区域内长期存在着社会文化方面的不稳定。

在东盟成员国内部，为建立东盟的身份认同，东盟其他成员国家与湄公河国家开展了多样化的文明交流互鉴活动。活动主要从四个方面开展：传播东盟意识、提升民众对东盟身份认同及对文化传统的认识、东盟意识融入青年儿童教育、鼓励青年人投入东盟实践活动[1]。

---

[1] "Mid-Term Review of the ASEAN Social-Cultural Community Blueprint (2009 – 2015)", http://www.asean.org/resources/item/mid-term-review-of-the-asean-socio-cultural-community-blueprint-2009-2015.pdf，访问日期：2020年5月10日。

具体而言,包括利用主流媒体、社交网络和新媒体推动东盟意识的广泛传播,举办东盟艺术节、东盟城市文化展、东盟纪念日等活动提升东盟文化的更广泛认同;将探究东盟政治、经济、社会和文化等各方面知识融入中小学课程;鼓励并培养青年人投入东盟意识培育的实践活动中①。

与此同时,湄公河五国在地区范围外也与东盟开展了丰富的文明交流互鉴活动。"两廊一圈"、澜沧江—湄公河合作等合作机制不仅持续推动东南亚地区在硬件设施上的不断合作,也同时为各国间文明交流互鉴提供了重要的途径。2019年5月,以"亚洲文明交流互鉴与命运共同体"为主题的亚洲文明对话大会在中国北京举行,澜沧江—湄公河文化论坛、亚洲艺术节等文明交流互鉴活动也为湄公河五国与东盟之间的交流提供了专门化的舞台。

二 湄公河五国与域外国家的文明交流互鉴

湄公河五国自古以来就与周边国家和地区文化相通,从历史上看,湄公河五国先后受到来自古印度、古代波斯、古代阿拉伯、古代中国和近代西方的影响。受地缘位置影响,湄公河国家最早接受了印度的婆罗门教、印度教和佛教的熏陶,并对其早期宗教、艺术、文化和生活习俗等方面形成初始效应,其后来自中国的儒家文化对其政体、教育和国家结构等组织架构造成影响,再次是中东国家的伊斯兰教文化和近代西方的基督教文化对湄公河国家产生了冲击。漫长的历史进程一方面使得湄公河五国地处亚洲十字路口接受了多种文明的熏陶,并融合进自身形成了独特的东南亚文化;另一方面,在互动的过程中也主动地将自身文明传播给了对方。

我们今天已经进入了大文明时代。今天,文明内涵与外延远比过去广泛深刻得多,并随时代发展不断被赋予新的内容。国际社会是一个多样性的社会,各国有权按照自己的意志选择适合于本国国情的发展模式与生活方式,多种文化、多种生活方式和多种社会制度并存将

---

① 沐鸿:《东盟社会文化共同体:现状与前景》,《东南亚纵横》2015年第8期,第60页。

是一个长期的客观存在。今天国际社会面临的诸多问题比以往任何时候都更为复杂。① 包含湄公河五国的东方文化是一个比较广泛的概念，内容繁多，不像西方文化那样同质。长期以来它们能够在一起和平共存，相互借鉴吸收。从东南亚地区存在的文化看，既有外来的儒教、佛教、伊斯兰教、印度教文化，也有产生于东方后来经过欧洲人发展的基督教文化，多元性与差异性并存使东南亚成为世界文化最为复杂而集中的地区。这些文化都是东方文化的分支，为农业社会、宗法等级社会的产物。从大文化的角度看，无论哪种文化其最高境界都是相通的。

（一）与印度的文明交流互鉴、体现及影响

在农业文明时代，东南亚不同文化体系之间的关系基本上是比较平稳的。这是因为交通不便和道路阻隔，人员往来较少，诸文明之间较少相互联系。一种文化在一个地区能相对平稳地存在和发展，这种文化环境使得东南亚诸国得以保存较长时间的域外文化。湄公河五国不仅主动接受印度教文化，发展出了自身文字，也使东南亚小乘佛教文化圈形成后其范围基本固定。一方面，在前近代时期，东南亚大部分国家处于印度文化的影响之下，即国外学者通称的"印度化"，不仅马来语和爪哇语包括了大量的梵语和达罗毗荼的词语，风俗习惯也受印度的王权思想影响。文明的交流，使各文明创造的成果在短期内即为人类共享，而不必再去重新发现，因此使人类文明前进的步伐大大加快，这是人类文明进步的重要原因。② 另一方面，东南亚小乘佛教文化圈在相当长的时间内较为完整地保持了自身的特点，显示了其独特的文化个性。自从中国儒家文化、佛教文化、印度文化及伊斯兰教文化传入后，东南亚地区接触到了异质文化，有利于东南亚本土文化的形成和发展，促进本地区文化较早成熟。③ 正是由于不断地接受中印伊斯兰及西方文化，湄公河五国才不断发展出具有自身特色又带

---

① 陈奉林：《从大文化的角度看东西方文化在东南亚的冲突与融合》，《东南亚研究》2005 年第 6 期，第 79 页。

② 马克连主编：《世界文明史》上册，北京大学出版社 2004 年版，"导言"第 15 页。

③ 贺圣达：《东南亚文化发展史》，云南人民出版社 1996 年版，第 196、530—531 页。

有不同文明影子的文明框架。

印度文化是以宗教文化为基本特征的，印度化很大程度上是东南亚受印度宗教教化的过程。印度教是由印度的婆罗门在公元前2世纪至公元1世纪通过和平方式传入东南亚地区的。在此后的几个世纪中，东南亚的婆罗门教徒并没有完全割断与印度婆罗门教徒的联系。他们通过水路、陆路继续保持并加强了这种联系，迎来了4—11世纪印度教在东南亚的大发展。11世纪末叶以后，婆罗门教在东南亚的影响逐渐衰落，13世纪末叶以后，在半岛地区为小乘佛教所取代，在海岛地区则让位于伊斯兰教。历史上，印度教的影响覆盖了古代骠国（室利差旦罗）、扶南、真腊（水真腊和陆真腊）、吴哥、占婆、爪哇、巴厘岛等国家和地区。即使在佛教成为主要信仰形式的古代国家，印度教艺术形式，如神灵形象、绘画装饰等，仍然保留在佛教建筑和民间信仰当中。[1]

在印度文化传播以前东南亚居民信奉的是以自然崇拜和精灵崇拜为特征的原始宗教。从印度来的宗教在融合了当地古老信仰和习俗后被人们接受下来。在上座部佛教和伊斯兰教传播以前，东南亚的广大地区流行的是大乘佛教和印度教的湿婆派。印度教的前身婆罗门教为统治阶级所推崇，对东南亚古代国家的宫廷产生过巨大影响，国王常把自己神圣化，实行主神合一，让人们加以崇拜。在这些古王国中多数长期维持着一个数目庞大的婆罗门僧侣集团，在宗教和世俗事务中起着重要作用。至今还可以在东南亚的一些地方看到印度教信仰的遗迹。

在语言方面，梵语曾长时间内成为东南亚各国使用的书面语言，在梵语的影响下，东南亚有文化的民族借用印度的书写字母创造了自己的书写体系。直到今天我们还可以看出梵语对东南亚国家文字的影响。当前的老挝语、柬埔寨语和泰语仍有部分文字可以看出是巴利文的衍生字。在文学方面，整个印度化时期，《罗摩衍那》《摩诃波罗多》《诃利世系》《往世书》虽然不是唯一的但是当地文学的主要素

---

[1] 吴杰伟：《东南亚印度教神庙的分类及特点》，《南洋问题研究》2013年第4期，第78—79页。

材。在印度化的全部半岛地区、马来西亚、爪哇,这些史诗和传奇文学再加上佛教的民间传说《本生经》,直至今天仍然是古典戏曲、舞蹈、皮影戏的素材。此外就历法和习俗来说,湄公河国家也有民间使用佛教历或婆罗门历,并且火葬的传统也发源于婆罗门教。[①] 典型代表是在柬埔寨的吴哥窟,印度教史诗《罗摩衍那》以巨大壁画的形式呈现给当年的王公贵族和如今的各国游客,吴哥窟是典型的婆罗门教艺术体现,同时也体现着当时政权所有者借用佛教或婆罗门教争夺和集中权力的实质,一个新的国王有时会通过崇尚不同宗教来显示自己的权威,巩固自身王权,这一点在吴哥窟里被毁坏重塑为婆罗门神像的原佛教建筑和雕塑中可以看出来。

以东南亚的骠国为例,骠族是最早进入东南亚的讲藏缅语的民族,属蒙古人种。骠人在缅甸境内生活了十几个世纪,创造了灿烂的文化,为日后缅甸的蒲甘文化的发展奠定了基础。骠人最早在缅甸建立了城市,他们主要信仰小乘佛教,同时也信仰印度教、大乘佛教和原始拜物教。佛教深刻地影响了骠人生活的各个方面。骠人在音乐、舞蹈、雕刻、绘画等艺术方面的成就也与宗教息息相关。骠人还以南印度的一种文字为基础创造了自己的文字。[②] 尽管贺圣达在《缅甸史》中写道:"在毗湿奴城还没有发现一件与宗教有关的实物,很可能毗湿奴时期的骠人还没有受到来自印度的宗教影响。"[③] 但是2003年对毗湿奴城遗址进行考古时发现的铜佛像、铜铃、铜油灯等宗教文物否定了学者们之前的推断,证明了毗湿奴城时期骠人信仰佛教。可见骠人的文化信奉史代表着早期接受婆罗门教和继而的佛教历史。

跟骠国宗教信仰有关的主要出土文物有佛塔、佛像、碑文、金贝叶经、菩萨像、毗湿奴像、印度教女神像、带有宗教符号的货币和器物等。在骠国遗址的发掘中,发现了一些佛塔的遗迹,其中室利差旦罗周边的佛塔最多;在骠国古城遗址还发现了大量陶制佛像,这些佛像的背面往往印有菩提树枝或布施者的名字和祈祷词。这些佛像的制

[①] 赵自勇:《古代东南亚的印度化问题浅谈》,《华南师范大学学报》(社会科学版)1994年第3期,第94页。
[②] 赵瑾:《骠族的起源及其文化特征》,《东南亚研究》2013年第6期,第96页。
[③] 贺圣达:《缅甸史》,人民出版社1992年版,第18、20页。

作水平相当高，甚至超过了蒲甘时期。与蒲甘时期相比，骠国时期的浮图都比较大。骠国时期佛像的风格很接近印度的笈多风格，佛像的手势和腿脚的姿势多种多样，比蒲甘及之后的佛像风格更加自由。除了佛像外，骠国古城遗址还出土了毗湿奴像、印度教女神像和菩萨像，这显示骠人也信仰印度教和大乘佛教。此外，一些佛像的底座上也刻有文字。这些文物上的文字主要是骠文，也有少量的梵文，有些则是用巴利文刻写的佛教三藏经摘录，这些用巴利文刻写的三藏经文是证明骠人信仰小乘佛教的重要证据。骠国时期的巴利文是用不同的字符书写的，这些字符与公元4世纪流行于印度南部的文字很相似，有学者推测，这些文字可能是由来自印度南部不同地区的僧侣书写的。① 这些早期的经义外来文字为骠人自己文字的形成奠定了重要基础。骠文是以公元4世纪时流行于印度南部的一种字符为基础被创造出来的，其形状为长方形，用圆点表示音调。这种字符在公元5世纪以后在印度南部就逐渐消失了，但骠文却一直使用到13世纪末14世纪初。此外，除了使用骠文外，骠人还能熟练地使用梵文和巴利文。

公元832年，南诏军队攻陷了骠国最大的都城室利差旦罗，骠国的势力开始衰落。缅族进入缅甸境内后，骠族逐渐被势力更为强大的缅族同化，最终从历史舞台上消失。骠族的消失并不是骠人的消失，而是骠人文化特征的消失。由于与缅人生活方式和文化的相近性，很可能骠族和缅族在日后逐步融合同化了。虽然骠人的国家已经不复存在，但其保存的文化和文字仍继续向东延伸至湄公河五国，形成了其早期的信仰和文字来源之一。

（二）与中国的文明交流互鉴、体现及影响

中国作为东方古国和东亚大国，在与湄公河国家建立联系后，其强大的政权架构，丰富的思想文化和较为先进的生产技术便自然传播到诸国。伴随秦国一统的步伐，中国的诸子百家思想便源源不断感染着东南亚国家，尤其在汉朝中央政权实际统治越南的背景下，儒家思想对湄公河五国的民族建构和国家政权建设起到了不可磨灭的作用。通过中国南方地区，中国—湄公河国家的联系越发频繁，同时，古代

---

① 赵瑾：《骠族的起源及其文化特征》，《东南亚研究》2013年第6期，第99页。

中国也受到了东南亚文化的影响。我国的滇西南区域的各族民众和东南亚居民在长期的历史交融中逐步形成了共同的文化,使用相近的语言文字,拥有着相联的风俗习惯。①

以骠国为例,由于骠人在物质生活和精神生活上都比较富足,这为他们在艺术方面的发展打下了基础。其在歌舞表演方面的成就引人注目。公元802年,骠国派往唐朝的使团在长安城的表演引起了很大关注,中国史籍对这些表演的详细记载为今天研究骠人的艺术成就留下了宝贵的资料。在唐朝史籍中,《新唐书》《唐会要》《元氏长庆集》《白氏长庆集》《全唐书》等都有关于骠国乐团的记载,由此可见他们在长安城引起的反响之大。唐朝著名诗人白居易和元稹分别为骠国乐团作诗《骠国乐》。②

与此同时,东南亚在与中国的贸易往来过程中,东南亚文化和中国南海传统文化交流也越发频繁。唐宋时期,海上丝绸之路发展到顶峰,东南亚地区很多经商者都常驻中国进行商品交易。海上丝绸之路的繁荣为中国南海传统文化对东南亚文化进行有效吸收提供了物质基础。中国南海传统文化对于东南亚文化的吸收主要是通过宗教和移民两个途径实现的。一方面,在中国南海文化同东南亚文化交往过程中,具有东南亚地域色彩的佛教和伊斯兰教传入南海地区。佛教传到中国有三条路线,即北传佛教、藏传佛教和南传佛教。南传佛教主要是通过东南亚一带的缅甸、泰国等到中国的佛教分支,现在我国南海地区所信仰的佛教大部分属于南传佛教。南传佛教的传播具有代表性的事件是唐代高僧义净经海上丝绸之路到东南亚地区和印度求取佛经并将其译为汉文。另一方面,中国的南海传统文化与东南亚文化的交流过程中移民也是一个非常重要的载体。移民带来的不仅仅是文化,更重要的是作为文化载体的人。寓于宗教之中的文化在传播过程中可能会出现一定程度的变异,但是移民可以在很大程度上限制这种变异的发生。由移民带来的文化更具有稳定性,这种异域文化在历史

---

① 李梅:《滇西南与东南亚傣族文化认同启示》,《科技资讯》2020年第14期,第196—197页。

② 赵瑾:《骠族的起源及其文化特征》,《东南亚研究》2013年第6期,第100页。

演进过程中逐渐成为我国南海传统文化的构成部分。东南亚等地区的移民数量较大，可以成为一个相对独立封闭的生活群体，这些移民在文化层面保存有十分明显的东南亚特色。这些移民带来的东南亚文化都被汉文化借鉴吸收，成为中国南海传统文化的一部分。① 例如我国大量的西南和华南少数民族以及其他非汉族文化很多也是由东南亚移民带来。

在受到东南亚国家影响的同时，古代中国先进的制度、进步的生产方式和独特的文化也对东南亚区域的发展起到了推动作用。首先，中国封建王权的建立，以及封建王权在当时表现出来的制度优越性催生了东南亚地区王权的兴起。中国自公元前 221 年就建立了封建王权制度，并形成了独具特色的文官选拔制度。通过效仿中国封建王权制度和文官选拔制度，东南亚地区兴起了"扶南""三佛齐"等兴盛王国。其次，伴随着中国南海传统文化与东南亚文化的交流，各种各样的生产技术相继传到了这里，先进文化的传入促进了东南亚国家农业和手工业的发展。由于商品的交换和中国人的移居，许多先进的生产技术传到了这一地区。从中国传入的生产技术就有养蚕缫丝、丝绸纺织、陶瓷制造、茶叶生产、农业生产、造纸印刷等。这些生产技术的传入在丰富东南亚国家农业产品和手工业产品品种的同时，还推动了东南亚国家农业和手工业的发展。最后，中国儒家、道家等传统文化通过丝绸之路传到东南亚，并与从印度等地传播而来的佛教相结合，形成了独具东南亚特色的佛教分支。这一佛教分支很快得到了东南亚地区居民的认同，大大改变了东南亚文化的发展方向。②

在同一文化圈内的文化，均有异同。但文化的流向总是从高处向低处流动，往往是低势能的文化吸收高势能的文化，但这并非绝对。在文化交流过程中，高势能（或称优势）文化也会部分地受到低势能文化的影响，甚至会吸收低势能文化的一些精华，充实和丰富自身的文化。因为文化传播从来不是单向性的，而是双向性的，是相互交

---

① 于营：《传统海洋文化视角下中国与东南亚的交流》，《北华大学学报》（社会科学版）2016 年第 3 期，第 37 页。

② 于营：《传统海洋文化视角下中国与东南亚的交流》，《北华大学学报》（社会科学版）2016 年第 3 期，第 38 页。

流的，而且是动态的。在文化的双向交流的过程中，有可能一方是以输出为主，而另一方是以接受为主。从总体的趋势来说，高势能文化流向低势能文化，向低势能文化输出是一个客观规律。东亚文化传播的互动性特点突出。中国文化对朝（韩）、日以及越等东南亚国家产生巨大影响，而朝（韩）、日以及越等东南亚国家的文化也对中国产生影响。朝（韩）、日以及越等东南亚国家的文化均是各具特色的东亚文化，它们对中国文化的发展与影响也不可轻视。东亚文化是东亚各国人民创造的。中、日、朝（韩）、越等国人民都对东亚文化的繁荣发展作出了自己的宝贵贡献。中国与东亚国家在两者的关系史上，曾建立过"华夷秩序"，中华文化作为东亚地区比较先进的文化向周边国家辐射，并产生巨大影响，但也须承认周边国家对中国的影响。[1] 举例而言，明代中越两国人员交往增多。在明军征讨越南时期，一些中国军民没有"北还"。同时有不少越南人来到中国，并对中国的政治经济与文化的发展作出了卓越的贡献。明代交趾人入仕宦京官有大至侍郎、尚书，外官有至参政、布政史、巡抚者，还有掌管宝钞司、官市舶司使、盐运使者，地方官吏有任知府、同知、知县、县丞者。[2] 在中国—湄公河国家的长期交往史中，诸国无一不受到中国选拔、考试、伦理等关系制度的影响，这种影响即便是西方的长期殖民环境也未能完全消除。

以越南为例，中国文化在越南经过2000多年的传播与发展，潜移默化地渗入社会政治、经济、文化、道德、文学、哲学及习俗的各个方面，成为越南社会意识形态的重要组成部分。越南不仅高度接受中国的礼节、法律观念、国家制度，还接受中国的文字、文学与宗教。与中国一样，佛教（中国式的）、道教、儒教并存，土著的观念、习俗、服饰、技术与手工工艺在本质上也依赖于中国。[3] "须知我国自古至今，凡事皆以儒教为依据，以三纲五常为处事之根本。君

---

[1] 梁志明：《东亚文化的基本特征与传播过程中的双向互动性》，《东南亚研究》2006年第6期，第38页。
[2] 张秀民：《中越关系史论文集》，中国台湾文史哲出版社1992年版，第79页。
[3] 陈奉林：《从大文化的角度看东西方文化在东南亚的冲突与融合》，《东南亚研究》2005年第6期，第81页。

臣、父子、夫妻，为我国社会所固有的伦理。谁若违背这些伦理，则被视为非人。因此，儿子必须服从父亲，臣子必须服从君王，违之者即犯重罪当斩。"这段话反映了中国传统儒学在越南的影响程度。越南社会以家族为中心，人际关系重人伦，视伦理道德为维系社会秩序的精神支柱。越南儒学倡导个人利益服从群体利益、团体利益服从国家利益，一直鼓励个人为社会、为国家、为人君而勇于献身。[①] 直到今天，越南自身的改革开放和经济建设仍然是以中国为样板，跟着中国过河。

（三）与西方国家的文明交流互鉴、体现及影响

尽管16世纪初西方殖民主义者已经入侵东南亚，但直到18世纪末，中南半岛的缅甸、泰国、越南、老挝、柬埔寨等国家，仍然是独立的封建国家。在西方殖民主义尚未能侵占的东南亚广大地区，当地的古代文化占有完全的统治地位，即使是殖民主义者已经侵占的区域，由于宗主国本身的落后（西班牙、葡萄牙）或者殖民者精力几乎完全集中于政府和经济掠夺（荷兰），殖民者只带来了基督教和一些近代技术（主要是军事技术），而非近代思想文化，西方近代文化的精华和核心——科学与民主，远未波及东南亚，文艺复兴以来的各方面成果，也没有介绍到东南亚。早期的西方文化影响主要是西方宗教的影响，尤其是天主教对菲律宾群岛的影响。[②]

18世纪末以来，伴随整个东南亚几乎成为西方殖民地，西方殖民国家开始加快了文化输出的步伐，东南亚各国的传统主流文化失去了政治上的保护；西方殖民者伴随时间的线性变迁，开始将早期高压的殖民政策有所修改，客观上有利于近代文化在东南亚的形成与发展，例如越南的废用汉字和拼音文字推行对其近代文化产生了极其深远的影响；殖民侵略和近代工商业的发展也逐步摧毁了东南亚各国原有的社会经济结构，使当地的土地国有（王有）制基础上的村社式农业社会逐步瓦解，这刺激了统治集团在保护传统文化时或进行改革，或接受西方文化，而新型知识分子和资产阶级则接受新教育和近

[①] 陈重金：《越南通史》，商务印书馆1992年版，第313、313—314页。
[②] 贺圣达：《东南亚文化发展史》，云南人民出版社2011年版，第276页。

代文化，并为未来的民族主义和独立意识培养火种。①

西方殖民者把不同体系的文明都置于殖民主义的一统之下，一方面融合了异质文明，另一方面加剧了不同文明体系之间的矛盾与冲突。发展过于迂缓的东南亚国家接受欧洲文明的冲击，是其历史上的第一次。正因如此，欧洲冲击是东南亚发展的一次机遇，可惜的是东南亚各国缺乏把握这种机遇的能力与社会机制，在与西方接触的过程中总是处于弱者和失败者的地位。但不可否认的是，西方的近代文化冲击促使湄公河国家发生从自发到自觉的深彻改变。

作为殖民地，印支国家无法摆脱宗主国精神价值的影响。在法语和本地语学校，法国人向学生灌输法兰西的语言、历史、价值观念和宗教信仰，促进了越南民族主义的形成。殖民者在东南亚的殖民教育往往事与愿违，收到"种瓜得豆"之效。作为对西方统治的反映，各处都产生了一种新的、更为激烈的民族主义。西方的教育反而对民族主义和独立意识的发展起到极其重要的作用。② 法国的殖民教育和逐步推行字母文字一方面割裂了印支国家与中国的传统联系，另一方面使得法国自身独有的自由平等博爱的革命精神也传播至诸国。

英国对殖民地的统治方式与其他殖民国家不同，法国、葡萄牙、西班牙等国通常采取直接统治的方式，尽力将殖民地在政治和经济上与宗主国结为一体，大力灌输宗主国的文化与生活方式，以便最大限度地同化殖民地人民，当地语言在教育系统中很少应用，当地的社会制度和风俗习惯几乎得不到保存。与之相反，为了更利于保持对殖民地的长久控制，英国的殖民政策采取"间接统治"的方式，设法令殖民地在政治上与经济上达到自立。在东南亚四国中，英国保留了原有的部落、乡村等行政机构，并任用当地人为次级地方官员。在英语成为官方语言或通用语的同时，当地的语言和文化也得以保留和传承。尽管东南亚四国有着不同的民族，不同民族之间又有着不同的历

---

① 贺圣达：《东南亚文化发展史》，云南人民出版社2011年版，第277页。
② 陈奉林：《从大文化的角度看东西方文化在东南亚的冲突与融合》，《东南亚研究》2005年第6期，第81页。

史、文化、风俗习惯和宗教信仰，但各民族的文化和社会习俗在其所使用的英语语言中都表现出来。[1] 这形成了当代独特的殖民国家英语自身话的特点。不同的英语词语在不同国家形成了不同语境。

进入当代，西方的宗教和新兴社会文化运动也在熏染着湄公河国家，基督教会普遍扎根于其中，和援助相捆绑。而诸如民粹运动的社会运动也冲击着湄公河国家仿照西方建立的代议制政权。此外，湄公河国家的国民也以自由民主为豪，例如缅甸国民对选举民主和议程民主相当着迷。

科技上，进入冷战后，西方国家在无法采取武力压迫和经济直接剥削的情势下，采取了一种"控制—依附"新模式以控制和间接剥削湄公河国家。由于科技革命主要发生在西方国家，发展中国家不得不通过对外经济联系的渠道，才能分享到成果。从20世纪70年代初开始，在东南亚各国从发达资本主义国家进口的商品结构中，出现了机器设备的比重增大而消费品的比重缩小的趋势，而且这种趋势还在继续发展。[2] 西方国家利用科技优势一方面向湄公河国家输送已淘汰和带污染的落后技术，一方面大批量输送高科技工业生产工具，吸取高附加值。这一"恶性"经济模式直至今日仍然在部分湄公河国家可见，非但没有促进湄公河国家的科技进步，反而使这些国家浪费了大量的资源，错失了发展科技的良好时机。

三　湄公河五国文明交流互鉴的历史经验

（一）多文明共存与共同发展

湄公河五国是亨廷顿所言的"文明断层线"国家，在历史上，多种文明在这里汇集，基本形成了相互交流互鉴的面貌，且形成了包含各种文明特色的本地特色文化。

在湄公河五国民众的日常生活方面，多种文明共存与共同发展的情况比比皆是。例如在饮食文化方面，湄公河五国的菜肴多以天然可

---

[1] 谢军：《中、英文化对东南亚英语变体的影响——以东南亚原英国殖民地国家英语变体为例》，《文教资料》2016年第12期，第41页。

[2] ［苏联］德米特里·谢尔盖耶维奇·巴甫洛夫：《科技革命与东南亚发展中国家》，伊平译，《南洋资料译丛》1982年第1期，第28—31页。

食植物为原料，烹调出色、香、味、形俱佳的菜系。在历史上，湄公河五国的饮食文化受到中华文明的影响，讲究色香味俱全和食材的原汁原味，如越南菜有美容保健菜肴之美称；泰国等国菜肴则多以当地盛产的椰子、香茅、肉桂、豆蔻、丁香等香料植物为配料，使其菜肴色味浓郁，风味独特。近代以来，湄公河国家长期受法国、英国等西方国家饮食文化的影响，肯德基等西方快餐文化也在湄公河五国遍地开花，形成了汇集东西方文化和当地习俗融为一体的独具魅力的东南亚饮食文化。

在建筑风格方面，湄公河五国的建筑风格兼具了多种文明的特征，体现了多种文明共存与共同发展。湄公河五国的建筑总体上呈现出东方建筑的特征，尤其是中华文明的特征。此外，印度文明尤其是佛教文化、西方文明对湄公河五国建筑文化的影响也十分明显。在湄公河五国，基督教堂、佛教堂、印度庙、马来教堂、泰国寺庙甚至可以在同一条街道上。

在宗教信仰方面，湄公河五国大多采取了包容性的宗教政策，各种宗教和传统在这些国家总体上和平共处。湄公河五国的信仰中，既有普遍意义宗教观念，同时也带有对神灵的敬畏。在湄公河五国的许多国家，道路两边尽是神灵牌位，几乎每一家都有敬拜。近代以来，西方宗教传入湄公河五国，这些宗教如基督教、天主教等西洋教派，可以随时散发传单，上门传教。马来教、佛教的信徒也非常虔诚，礼拜天教堂人满为患。可见，多文明的包容性共存与共同发展是湄公河五国民众日常生活常见的文化现象，是各国民众日常生活的基础。

因此，从日常生活、建筑风格和宗教信仰等这些体现文明的多方面来看，湄公河五国实行多种文明共存和共同发展的政策，与中国提出的"文明交流互鉴"不谋而合。中国提出的"文明交流互鉴"在湄公河五国具有良好的历史基础和社会基础。

（二）多文明（文化）的政策与国家稳定

多文明（文化）政策与湄公河五国的国家稳定之间存在密切的关系。湄公河五国的一些地区，由于没有处理好不同文明（文化）之间的关系，造成地区局势长期动荡不安，甚至常常发生恐怖袭击。

泰国南部局势的发展与泰国政府实行的文化政策密切相关。泰国南部是东亚佛教文化圈与东南亚伊斯兰文化圈的交界地带。18 世纪，泰族的曼谷王朝彻底吞并了位于泰南的北大年王国，并实施了较为温和的文化同化政策，当地的宗教和民族关系一度较为和谐。20 世纪 30 年代末，泰国总理銮披汶开始对泰南地区实施"泰国化"政策，进一步加深了泰南穆斯林和佛教徒之间的隔阂与对立。"泰国化"政策一直持续了数十年。泰国在泰南的"大泰族主义"政策是多方面的：政治上不承认泰南穆斯林的宗教与民族身份、信仰上采取强制性同化政策（强迫泰南穆斯林信仰佛教）、文化上消灭马来文化（强制泰南的马来穆斯林学习泰语）等。经过多年的对立，泰南地区成立了多个民族分离组织，一些民族分离组织在域外宗教极端思想的影响下，频频发动恐怖袭击，造成地区局势动荡不安。虽然泰国在泰南也实施了一些政策比如双语教育，但泰南穆斯林家长一直以来对泰国教育部的泰语教育政策持排斥态度，认为那是对当地文化和民族性的破坏，是有意让学生远离伊斯兰文化，是隐形的"文化殖民"政策①。因此，泰南局势一直动荡不安。

缅甸的若开邦地区与泰南地区类似。缅甸主体是佛教徒，长期立佛教为国教，而聚集在若开邦的罗兴伽人是穆斯林，其宗教信仰与缅甸主流截然不同，导致其被缅甸主流社会排斥，无法融入缅甸社会。从历史上来看，缅甸主体民族缅族与罗兴伽人之间的交流充满了猜疑、暴力和血腥，而不是和平共处。长期以来，缅甸政府对罗兴伽人在土地的分配使用、经商、清真寺的修缮和新建、出国朝觐以及自由迁移等方面设置了诸多的限制，甚至不允许罗兴伽人在同一个镇区的不同村庄之间迁徙。② 缅甸罗兴伽人问题中也充斥着不同文明国家在该问题上的对立：沙特阿拉伯、马来西亚等伊斯兰国家反对缅甸政府对罗兴伽人的政策，缅甸政府甚至不承认罗兴伽人的公民身份，拒绝与其对话。

因此，从泰国南部和缅甸若开邦的案例可以看出，多文明（文

---

① 朱蒙：《国家安全视域下的泰南穆斯林双语教育研究》，《新丝路学刊》2018 年第 1 期。

② 李晨阳：《缅甸"罗兴伽人"问题热的冷分析》，《世界知识》2017 年第 2 期。

化）政策是政治稳定、社会治理的催化剂。无论是泰南地区，还是缅甸的若开邦，都是两国最贫穷的地区。这些地区长期以来陷入了"文明（文化）对立—经济发展落后—社会治理混乱"的循环中。泰国和缅甸的多文化政策都是伊斯兰文明和佛教文明在一个国家内部的局部冲突。因此，承认民族文化、宗教信仰等社会发展的多元性，尊重和保护宗教信仰自由，实行多文明（文化）的政策与政治稳定，社会治理之间存在着密切的直接关联。

（三）文明交流互鉴与湄公河五国的民间交往

湄公河五国的民间交往由来已久，旅游业、教育合作、卫生医疗、新闻媒体、民间与地方的交往不绝于史，这不仅是地区国家文明交流互鉴的主要形式和内容，更推动了地区国家关系朝着共同体方向发展。

民间交往在广度和深度上远远大于官方的交往。从上文的描述中，可以看出，民间交往的频繁程度、交往范围远非官方交往所能比拟。在交流范围、交流内容、交流频次等方面，民间交往以其数量巨大、交流内容广泛又贴近生活，支撑起湄公河国家普通民众的日常生活。

民间交往往往与民众生活密切相关，且政治性较弱，涉及的领域和议题广泛。从交流内容上来看，民间交往以艺术、文化、旅游等非政治领域的交流为主，在丰富湄公河国家民众生活的同时，增强了对其他国家对应领域的了解。

与此同时，湄公河五国的民间交往也需要提升。当前，湄公河五国的民间交往主要以"双边"为主，进行"多边"的交往。这固然是基于历史和现实的方面所造成的跨界民族分布等因素，但更为重要的是，各国需要在进一步增进民间交往的基础上推动民间组织的发展，培育"澜湄意识"和"澜湄认同"，为各国共同推进澜湄国家命运共同体建设打下坚实的民间基础。

跨文明交流，互学互鉴，也是更好地文明交流互鉴与加深文化认同的重要方式，达成利益共识的前提是达成精神意识形态的认同，有了精神意识形态层面的认同才能使各成员国主动且充分承担相应的"责任"，"规范"的效率也才能在"认同"达成的前提下得到最大化实践。我国提出的通过加强文明交流互鉴以构建澜湄命运共同体，某种程度上是想要通过依靠人文基础来构建各成员国间"认知"共同体。而通过加强文明交流互鉴以帮助国家命运共同体构建的内在逻辑，主要旨在帮助我国在周边区域开展合作过程中，更准确识别各合作成员国的利益和偏好，以及识别参与者在共同政策制定和执行过程中，影响谈判结果的"认同"因素和方式方法，或当各澜湄成员国在合作过程中形成利益冲突时，提供有效化解冲突的方案。但促进上述过程的开展，需要在多方面做出努力：一方面，作为构建澜湄国家命运共同体的人文基础前提，我国必须充分了解成员国背后代表的深层次的文化体系及民族国家认同；另一方面，基于目前澜沧江—湄公河次区域内国家间复杂的政治关系结构，多变的国家间利益冲突以及区域经济合作乏力等诸多困境，使得各澜湄成员国在参与制定合作政策过程中，在涉及相关的制度和规则的设定时，面对的是一个不断进化的动态区域政治环境结构。这也进一步体现了，通过加强文明交流互鉴来构建新的区域合作规范理论框架，对推动澜湄合作步入新的实质性发展阶段的重要意义。

第 四 章

澜湄国家命运共同体建设中的文明交流互鉴

自2016年澜湄"3+5合作框架"在澜沧江—湄公河合作首次领导人会议确立以来，提出了政治安全、经济和可持续发展、社会人文三大支柱，以及互联互通、产能、跨境经济、水资源、农业和减贫五个优先合作方向。文明交流互鉴是推动人类文明进步和世界和平发展的重要动力，并将为构建澜湄国家命运共同体提供文化支持，认清文明交流互鉴对构建澜湄国家命运共同体的意义有利于更好地构建澜湄国家命运共同体。

第一节 加强文明交流互鉴对构建澜湄国家命运共同体的意义

习近平主席指出，"文明因多样而交流，因交流而互鉴，因互鉴而发展"。在当前复杂的国际形势背景下，构建周边国家命运共同体概念是中国在周边区域合作过程中，维护并稳定国家利益的重要实践前提。然而，相比起在经济发展中取得的巨大成就，"中国在国际文化结构中处于弱势位置。我国软实力滞后于硬实力，我们的国际形象也落后于国家实力的增长"。[①]

[①] 秦亚青：《关于构建中国特色外交理论的若干思考》，《外交评论》（外交学院学报）2008年第1期，第9—17页。

一 丰富了命运共同体理论和具有中国特色的周边外交理论

文明交流互鉴是新时代中国推动与周边国家区域合作的新方案，其重要性主要体现在其最终目标是与湄公河五国共同培育"澜湄意识"。"澜湄意识是一种共同体意识，即澜湄国家和人民对'澜湄人'这一身份的集体认同，亦即以澜沧江—湄公河为纽带的认同感、归属感和身份感。"[①] 因此，在当前中国与湄公河五国推动构建澜湄国家命运共同体的背景下，积极加强成员国间文明交流互鉴，跨文化交流，以构建相互间的文化认同与文化信任，对推动澜湄合作步入实质性阶段具有十分重要的理论意义与实践意义。

习近平曾在2019年亚洲文明对话大会上，就加强文明交流互鉴的"中国方案"提出了四点主张，其中第一点是"要坚持互相尊重，平等相待"。该点主张显示了在构建周边命运共同体过程中，中国基于"互相尊重，平等相待"的出发点，承认不同国家及地区间在语言、历史、价值认同、文化、宗教信仰以及政治制度等方面的差异，将会导致国家利益的差别与冲突。中国传统外交理念不同于国际关系理论中传统现实主义学派在谈论国家利益差异时，时常强调利益冲突带来的合作开展的不可能性与消极性。面对区域合作时国家间利益的差别与冲突，中华传统文化倡导的外交理念不是对他国绝对的排斥、征服或取代，而是强调应该在加深对他国文明理解的基础上加强文明交流以达到与世界各国"和谐共生"的格局构想。

习近平主席提出的另外三点关于加强文明交流互鉴的主张，即"要坚持美人之美，美美与共"、"要坚持开放包容，互学互鉴"和"要坚持与时俱进，创新发展"。

首先，以上主张强调了中国在面对当前复杂世界格局以及多方利益冲突时，促进中国与周边国家合作，构建国家命运共同体的可能性与必要性。不同于传统理想主义"乌托邦"式的国际合作构想，中国传统文化更加强调在尊重过往历史与启示的前提下，中华民族在国

[①] 屠酥：《培育澜湄意识：基于文化共性和共生关系的集体认同》，《边界与海洋研究》2018年第3期，第29—44页。

家往来合作过程中追求"以和为贵""少取多予",并希望通过"亲仁善邻,和谐万邦"的特色外交理念,以促进并建立多种形式的国际合作。

其次,加强文明交流互鉴的主张,反映出中国重视国际合作规范建立与文化认同之间的联系,平等看待与世界各国之间的文化差异与冲突,强调文明交流互鉴是消除文化冲突与对立、加深不同文化间的有效融合的重要途径。加强与各国文明交流互鉴,坚持开放包容,客观看待与各个国家在经济与政治合作领域日益加深的互相依赖性,重视超国家关系出现背后与周边各国间复杂的依赖关系结构,倡导结伴而不结盟等合作方式均具有中国智慧的国际民主化外交理念。

最后,文明交流互鉴反映了中国在与周边国家共同构建命运共同体过程中,客观辩证看待历史进步的发展性与必然性,倡导经验互鉴奠定下的合作可持续性,并强调推动国家及人类社会共同发展的紧迫性。

过去半个世纪以来,随着中国与湄公河五国的联系与合作日益加深,澜湄国家之间在区域水资源合作、安全合作、经贸合作、文化交流等领域的往来日益频繁,推动了多元主义、多边合作机制在该地区发展的同时,也使得区域成员国之间形成了更复杂的政治关系结构。不同的文明体系、复杂的种族群体构造、多元的语言文化体系以及宗教信仰在这个区域交织共存,也使该地区成员国间在民族认同、族群认同、文化认同以及国家认同等议题上产生诸多分歧,甚至时常出现难以调和的冲突和矛盾。

然而,相较于中国周边其他区域,无论是从历史联系的紧密性、文化交流互动的频繁性还是经济合作往来的密切性,"湄公河地区是中国深化区域合作和构建人类命运共同体最有基础、最有条件并最可能取得实质性成效的区域"。[1]"澜湄国家命运共同体"建设充分表明了中国提供区域治理的意愿和方向,是一种新型的周边外交治理模式,可以将中国政治、经济、军事安全硬实力和社会人文等软实力上

---

[1] 卢光盛、别梦婕:《澜湄国家命运共同体:理想与现实之间》,《当代世界》2018年第1期,第42—45页。

升为国家外交目标的巧实力，从而建立多种机制，实现国家战略目标。① 建设"命运共同体"视角下的周边外交理论既是顺应时代潮流的表现与反应，又是对当今时代潮流的积极回应与理论阐述，具有进步意义。② 同时，通过加强文明交流互鉴的方式构建澜湄国家命运共同体，深刻反映出中国在与周边国家交往与合作过程中所倡导构建的一种"和谐世界秩序观"，这种秩序观"是一种多元协商治理，或称为协商民主秩序，即在尊重多元文化和多种体制，依照国际法的基本原则，协商处理世界事务和全球问题，目的是达成一种包容的和谐状态"，③ 这是推进中国特色周边外交理论发展的重要实践过程，对丰富命运共同体理论和具有中国特色的周边外交理论具有重要发展意义。

二 丰富澜湄区域合作规范理论框架，弥合区域合作与周边外交理论分界

"'澜湄合作'是第一个由中国发起和主导的新型周边次区域合作机制"，④ 具有远大的发展前景和无可比拟的优势。目前，众多相关领域研究学者都提出了为澜湄合作机制量身制定相应合作规范理论框架，对推动澜湄国家命运共同体构建具有重要性和必要性。

基欧汉在其经典的关于国际制度学说的著作中提出，关于国家间国际合作的规则进一步衍生为制度化的存在，"规则必须是可持续的，必须限定了行为者的角色和功能，当然它还必须约束行为和塑造预期"。⑤ 陈伟光等认为，"澜湄合作作为一个多元、开放、共享的国际合作新机制，基于共商共建共享的建设原则，必须有一套正式的制

---

① 雷建锋：《中国的中亚地区主义与周边命运共同体的生成》，《教学与研究》2016年第10期，第79—88页。

② 卢光盛、别梦婕：《澜湄国家命运共同体：理想与现实之间》，《当代世界》2018年第1期，第42—45页。

③ 秦亚青：《关于构建中国特色外交理论的若干思考》，《外交评论》2008年第1期，第9—17页。

④ 刘均胜：《澜湄合作：示范亚洲命运共同体建设》，《中国经济周刊》2016年第13期，第79页。

⑤ Robert O. Keohane, "International Institutions: Two Approaches", *International Studies Quarterly*, Vol. 32, No. 4, 1998, pp. 379–396.

度依据或者非正式的制度规则保障，以认定、默契、共识和行动推动区域治理"。① 卢光盛等则提出了"利益—责任—规范"三位一体的周边命运共同体理论框架，认为"周边国家作为命运共同体倡议的接受者，在享受命运共同体带来的'利益'时，应承担作为命运共同体中的一员应承担的相应'责任'，同时还要遵守命运共同体成员应共同遵守的'规范'"。② 在该理论框架中，首先基于传统现实主义角度认同澜湄国家间利益的差别，并强调了基于文化认同下，在澜湄国家间推行中国倡导的价值观对于创建合作"规范"的重要性。文化交流与合作，互学互鉴，是达成文明交流互鉴与深刻文化认同的重要方式，而达成利益共识的前提是达成精神意识形态的认同，有了精神意识形态层面的认同才能使各成员国主动且充分承担相应的"责任"，"规范"的效率也才能在"认同"达成的前提下得到最大化实践。"文明交流互鉴"理念为各澜湄国家从文化交流及精神理念认同角度提供了新的视角，周边国家作为命运共同体倡议的受益者，只有在"周边国家命运共同体"达成一致认同的前提下，才能同时充分实践"利益—责任—规范"这一理论框架。

结合以上研究，中国提出通过加强文明交流互鉴以构建澜湄命运共同体，是在推进与周边国家区域合作过程中，引入了"文化认同"、"集体认同"以及"地区认同"等一系列非物质性权力概念，并以"构建服务于中国崛起的地区文化权力和地区认同"为着力点，进而完成"相似文化资源向文化权力的转化"，最终通过强化澜湄命运共同体的认同来缓解中国与其余澜湄合作成员国在"物质性权力的不对称"，③ 有效丰富了澜湄区域合作规范理论框架。

加强文明交流互鉴不仅在于构建澜湄命运共同体的内在逻辑，也旨在帮助中国在周边区域开展合作过程中，更准确识别各合作成员国

---

① 陈伟光、王燕：《共建"一带一路"：基于关系治理与规则治理的分析框架》，《世界经济与政治》2016 年第 6 期，第 93—112 页。
② 卢光盛、别梦婕：《"命运共同体"视角下的周边外交理论探索和实践创新——以澜湄合作为例》，《国际展望》2018 年第 1 期，第 14—30 页。
③ 魏玲：《东南亚研究的文化路径：地方知识、多元普遍性与世界秩序》，《东南亚研究》2019 年第 6 期，第 11—22 页。

的利益和偏好，以及识别参与者在共同政策制定和执行过程中，影响谈判结果的"认同"因素和方式方法，同时也在各澜湄成员国在合作过程中形成利益冲突时，提供有效化解冲突的方案。但要实现上述过程，至少需要在以下两方面着力：第一，作为构建澜湄国家命运共同体的人文基础前提，中国必须充分了解湄公河五国背后代表的深层次的文化体系及民族国家认同；第二，目前湄公河国家间复杂的政治关系结构、多变的国家间利益冲突以及区域经济合作乏力等诸多困境，使得澜湄国家在参与制定合作政策过程中，在涉及相关的制度和规则的设定时，面对的是一个不断进化的动态区域政治环境结构，因此通过加强文化交流互鉴进而整合澜湄区域文化认同、地区认同与集体认同，对构建澜湄命运共同体有重要理论意义。

中国所提出通过加强文明交流互鉴构建澜湄命运共同体，是以马克思唯物辩证法作为理论基础，在主张"和谐秩序观"的原则基础上，将"天人合一"、"天下大同"以及"和而不同"等具有中国传统文化来源的外交理念引入与周边国家区域合作实践中，并正视在与周边国家共同构建澜湄命运共同体时，"共同体成员之间在互动过程中尽管存在分歧和矛盾，但也需要不断调整彼此身份、协调利益，关系不断变化，身份不断变化，利益和行为也不断变化，最终实现变通、融合、乐观合作和进化"，[1] 有效弥合了区域合作与周边外交理论分界。这也进一步体现了通过加强文明交流互鉴来构建新的区域合作规范理论框架，对推动澜湄合作步入新的实质性发展阶段的重要意义所在。

三 增进与澜湄国家间的文化认同与文化互信

文化认同是基于群体及个人在国家、语言、民族、宗教、社会阶层、经济生活、政治归属等因素之下而形成的自我概念或群体概念，自我感知或群体感知的一种心理活动及潜在意识。而文明交流互鉴则更多是在国家间文化交流基础上，国家之间所达成的相互间的文化认

---

[1] 秦亚青：《关系与过程——中国国际关系理论的文化建构》，上海人民出版社2012年版，第78—105页。

同与文化信任。自古以来，中国与湄公河五国无论是在地域往来、语言、宗教信仰和经济生活，还是在民族文化和民族关系等方面都有密切联系，从一定程度上为中国在该区域推行持久稳定的区域合作计划奠定了较好的人文基础。

纵观东南亚国家近现代历史，尤其是在冷战及冷战后时代，民族主义及民粹主义在东南亚各国泛滥。泰国、缅甸以及越南等众多东南亚国家都通过民族主义运动积极构建各自政体统治需求下的民族认同与国家认同。民族主义研究专家本尼迪克特·安德森也曾提出，"东南亚民族主义的'迷人之处'在于，英法日殖民主义为这些国家塑造了一种总是寻找外在的'他者'来消解社会不安定因素的既有模式"。[①] 结合冷战时期在各东南亚国家针对华人群体掀起的不同程度、不同规模的"去中国化政策"以及"排华运动"本质来看，东南亚华人群体所表现出的"善于经商、勤奋、不惧劳苦"等民族特性，常常被东南亚国家上层统治群体视为具有破坏性的、竞争性的族群文化入侵，以致将其族群及其背后代表的中华文明视为威胁自身民族国家认同构建的主要负面影响因素。

相比印度尼西亚、缅甸以及越南等东南亚国家曾掀起的"驱逐式的""屠杀式的"排华运动，泰国作为一个聚集了东南亚最大体量华人的国家，曾在20世纪60年代至80年代多次通过禁止华人学习汉语、关闭华文学校等手段推行过"去中国化"政策，从一定程度上体现出了泰国主体文化所一直提倡的民族包容性。然而，众多东南亚华人问题研究学者至今均认为，泰籍华人群体及其背后所代表的中华文化以及民族认同始终让泰国上层统治者对该群体保持较高的"警惕性"，以至于其主张的文化认同始终被隔绝在泰国国家主体民族认同体系之外，这一事实间接致使泰国等众多东南亚国家对现代中国文化的理解仍停留在极度"刻板印象化"的阶段。[②]

2010年以来，随着"一带一路"倡议以及"澜湄合作机制"的

---

① [美]本尼迪克特·安德森：《比较的幽灵：民族主义、东南亚与世界》，甘会斌译，译林出版社2012年版，第28页。

② Tan, Chee-Beng, *Chinese Overseas: Comparative Cultural Issues*, Hong Kong University Press, 2004, p.67.

提出，中泰战略合作的不断加深，旅游开放与经济合作的日趋紧密，吸引了大量中国游客、中国留学生以及投资企业进入泰国、柬埔寨以及缅甸等澜湄成员国家。新华人群体的到来大大增进了两国民众在商业合作、教育合作等多方面的跨文化交流。根据张颖、旺苏拉瓦（Wongsurawat）等学者关于泰国华人群体的研究，文化认同具有内在关联性，中泰两国政府及民众以跨文化交流作为载体，使不同文化群体在跨文化交流背景下通过相互间的沟通、选择、谈判和实践形成对彼此的文化认同与文化信任，通过经历一定程度的"文化摩擦"与"文化调和"，使泰籍华人群体及泰国民众群体近年来出现了中华文化"认同复兴"的现象[1]，这为中泰两国持续开展友好互利合作奠定了良好的人文基础。[2]

然而，在推动构建澜湄国家命运共同体的过程中，如何与湄公河国家积极搭建互相的"文化认同"始终是中国无法逃避的重要课题，"文化认同"仍作为一种无法被量化的意识及认知，其存在将作为一个极为重要的影响因素贯穿且影响国家间及区域间合作的整个过程。这种认同的形成与存在是"有形与无形的，有意识的和潜意识的、法理和心理的，政府间的和民众心目中的东西"。[3] 文明交流互鉴将文明交流、文化互鉴的重要性提升到了构建国家命运共同体以及推进周边区域合作的重要战略高度，增进不同文明间的交流与互鉴，并深入建立国家之间的文化认同与深入理解，是增进与澜湄国家之间的文化认同与情感共通的重要方式，也是达成国家层面间的文化认同以及民众间精神意识层面的民心共通的重要前提。文明交流与互鉴方案也通过深化教育合作、加强文化产品输出以及推进区域内各国旅游文化产业互利发展等一系列切实可行的具体文化交流方案，进一步增进澜

---

[1] Wasana Wongsurawat, "Beyond Jews of the Orient: A New Interpretation of the Problematic Relationship between the Thai State and Its Ethnic Chinese Community", *Positions*, Vol. 24, No. 2, 2016, pp. 555–582.

[2] Zhang Ying, *The Role of Ancestral Halls and Ancestral Worship in Chinese Clan Association in Thailand as Forms of Cultural Integration in the Age of Globalization*, Chulalongkorn University Press, 2019, p. 118.

[3] 王逸舟：《西方国际政治学：历史与理论》（第二版），上海人民出版社2006年版，第206页。

湄区域各国在民众层面、企业层面以及政府层面的文化交流，进而通过"以文化人"的方式搭建彼此间更深层次的文化认同。

四 缓解族群"认同"冲突，增进区域非传统安全合作

就区位划分来看，湄公河—澜沧江流域体系所穿过的中国云南西南部山区、缅甸北部山区、泰国北部山区、老挝西北部山区以及柬埔寨北部山区，即广义范围的金三角区域，与著名人类学家维利姆·范·申德尔（Willem van Schendel）所提出的"赞米亚区域"概念有较高的重叠性。在以上所提及的山区中，分布着较多的少数民族以及边缘族群。该区域横跨5个国家（越南、柬埔寨、老挝、泰国和缅甸），以及中国的四个省（自治区）（云南、贵州、广西和四川部分地区）的边境山地区域，分布着"5到6种不同语系，以及将近1000多万少数民族人口（拉祜、克木人、阿卡族、克伦族、果雄族、傈僳族、苗族、佤族等）"。东南亚国家独特的地缘政治结构决定了其"曼陀罗式"的城市文明分布形态，以致各国的政治经济发展中心区域都集中于低地平原或低洼的沿海地带。相对于生活在平原中心地带的主流文化群体，这些边缘族群则杂乱地分布在湄公河五国的山地区域，其在族群居住方式、语言体系、经济生活、民族认同以及宗教活动方面都表现出了较大的差异性。现代国家体系在试图走入这些复杂的山地区域时也面临巨大的挑战，以至于湄公河五国至今都无法调解其国内主流社会群体与高地边缘族群之间在国家认同、民族认同等议题上产生的巨大分歧。

詹姆士·斯科特（James G. Scott）在其关于东南亚山地族群历史研究的经典著作中曾提出"混杂的认同，迁徙和社会流动性是许多边疆社会的共同特征，他们杂乱的分布在边疆地区，产生多种不同的认同，有些关注民族统一，有些关注民族分离"。[①] 在湄公河五国的山地区域，"山民积极地抵制被统合到独立的民族国家的框架内，他们除了获得远离国家权力中心的利益以外，都表现出了抵制他们所从

---

① ［美］詹姆士·斯科特：《逃避统治的艺术：东南亚高地的无政府主义历史》，王晓毅译，生活·读书·新知三联书店2016年版，第20页。

属国家的民族认同（national building）和国家建设（State‐making）"的特点。①

目前，湄公河五国在处理国内民族整合问题上采取的民族政策大相径庭，尽管这些国家都一同站在积极构建"民族国家"的出发点，但它们中有的倾向"忽视社会成员民族身份的差异，给予同样的国民待遇"，有的则倾向"强调不同族群在社会结构上的不平等，对于处于劣势地位的少数民族给予优惠待遇"，②有的甚至强调不同族群的不平等与优劣性，对于主流族群以外的群体给予不公平待遇。然而无论这些国家采取怎样的民族政策，其族群冲突问题始终难以得到有效解决。直至现在，广义的金三角区域作为湄公河五国的一个核心地带，长期在无政府主义、分离主义阴影笼罩下，因地方军事武装冲突频发、毒品交易猖獗、人口贩卖屡禁不止、非法商品走私以及边境非法移民和难民带来的边境社会失序等非传统安全问题，变成了与其中心国家进行武装对抗以及文化对抗的"大本营"。

为改善与该区域族群薄弱的民族关系，该区域内的各国都曾试图通过军事占领、强制移民、推行替代种植计划以及修建道路、基础设施等方式以扩展中心国家在山地社会的影响力及管理权力，但最终都收效甚微。然而，泰国在对泰北边境少数族群治理的真实案例上，让笔者看到了加强文化交流互鉴对缓解澜湄区域内族群冲突，增进地区非传统安全合作的现实可能性。

在20世纪70年代，在意识到边境族群冲突带来的一系列传统安全威胁与非传统安全威胁后，泰国皇室为改善中心国家与边境族群紧张的关系，以皇室成员的名义设立了"皇太后花园（Mae Fah Luang）基金"以及泰国皇室种植计划等项目，旨在从教育、医疗条件、农业种植培训、手工艺品制造等领域为边境族群提供生存保障以及就业技能培训。同时，自20世纪70年代开始，泰国皇室在各个与周边邻国接壤的村落或边境区域设立边境警察学校，降低对适龄儿童入学的

---

① ［美］詹姆士·斯科特：《逃避统治的艺术：东南亚高地的无政府主义历史》，王晓毅译，生活·读书·新知三联书店2016年版，第22页。

② 解志苹、吴开松：《全球化背景下国家认同的重塑——基于地域认同、民族认同、国家认同的良性互动》，《青海民族研究》2009年第4期，第21—25页。

"身份要求",为当地的少数民族、无国籍群体以及邻国的非法移民后代提供免费的全日制基础教育的机会。目前泰国境内共有196所边境警察学校,并绝大多数位于与缅甸、老挝以及柬埔寨相邻的泰北及泰东北边境区域。① 通过使边缘地区群体的后代学习泰语、泰民族国家历史以及根植深入的文化认同,"有效的帮助泰国在其偏远地区建立了有效国家权力和管理监督机制"。②

尽管因经济发展水平的差异性、安全合作能力及技术限制等因素,泰国与缅甸、老挝以及柬埔寨等国至今在面对广义金三角地区各类冲突及非传统安全威胁时,仍未达成一个有效的合作治理机制,但泰国皇室及政府通过与该区域各类群体积极搭建文明交流互鉴机制,表达出对该区域多样族群文化的尊重与认同,并通过教育、经济合作等实践支持给予边缘地区群体一定的优惠待遇,以积极构建少数民族群体的"国家归属感"。通过长期的交流互鉴,化解不同边缘族群与中心国家的认同冲突与认同危机,使其逐步建立对国家的认同与信任,从而使得泰国在过去半个世纪以来在金三角边境安全治理中取得了一定的成效。目前,清迈、清莱、夜丰颂等泰国北部各府下属的边境县市也通过积极转型发展边境旅游业,其国家边境安全治理问题也在边境经济繁荣发展的影响下得到了有效改善。

自古以来,湄公河国家在积极构建现代国家体制的进程中,因历史、文化、政治体制、种族构成以及经济发展水平等多方面的差异,让其国民以及生活在该区域的不同群体在身份认同及群体利益面前有着截然不同的选择,这种结构性差异必然会导致"族群认同"的现实性冲突。在建构主义学者亚历山大·温特(Alexander Wendt)以及彼得·卡赞斯坦(Peter J. Katzenstein)等对于国家安全战略、国家利益、规范、约束、文化与认同等议题关系的研究中,其提出的主要研

---

① 泰国边防警察项目官方网站(official website of the Border Patrol Police School Project),http://www.bpp.go.th/bppmain_school/index.php? option = com_content&view = article&id = 438&Itemid,访问日期:2020年6月12日。

② Hyun, Sinae, "Building a Human Border: The Thai Border Patrol Police School Project in the Post – Cold War Era", *Journal of Social Issues in Southeast Asia*, Vol. 29, No. 2, 2014, pp. 332 – 363.

究假设强调"国家所处的安全环境很大程度上不是物质的环境,而是文化和制度的环境","文化环境所左右和影响的,不只是国家不同的行为动机,而且更是国家的基本特性——所谓'认同'"。[①] "认同是影响国家间开展合作的效果和进程的重要变量,不同的认知会产生不同的合作目标与合作效果。国家行为体对权力、利益的观念和认识决定了合作的产生。国家行为体之间同样能否顺利开展合作、实现合作的初衷,需要有共同的思想认识。"[②]

结合目前澜湄合作的发展重点来看,"区域和次区域非传统安全共同体是中国构建周边新关系与新秩序的重要载体"。[③] 然而,澜湄合作区域内国家"族群冲突具有极大的'外溢性'",其所带来的"外溢性"不断地在该区域引发各类非传统安全威胁的同时,"区域内国家的族群问题还妨碍了区域身份认同的形成,进而阻碍了区域合作的深化"。[④] 这也使得该地区国家间至今难以深入有效构建非传统安全合作机制,以致难以为区域经济合作及可持续发展提供安全的环境保障。

因此,从中国如何就非传统安全合作与周边国家构建新秩序的角度来看,加强中国与澜湄合作成员国间的文化交流与文明互鉴,对构造澜湄命运共同体有着重要的实践意义。当前中国与澜湄合作成员国间的经济合作进入了一个十分重要的时期,经济合作的开展需要持续稳定安全的外部国际环境,而加强与各国的非传统安全合作与政治互信是为推进澜湄区域合作可持续发展提供的重要合作基础保障。而将加强文明交流互鉴作为构建澜湄国家命运共同体的重要前提,则再一次体现了中国传统文化中对周边国家"开放包容、相互尊重"的相处理念。而通过加强文化交流与互鉴、构建国家间认同作为化解澜湄

[①] 王逸舟:《西方国际政治学:历史与理论》(第二版),上海人民出版社2006年版,第206页。

[②] 陆晶:《中国与"一带一路"沿线国家执法安全合作新型价值范式建构》,《山东警察学院学报》2017年第2期,第147—153页。

[③] 余潇枫、王梦婷:《非传统安全共同体:一种跨国安全治理的新探索》,《国际安全研究》2017年第1期,第4—25页。

[④] 查雯:《族群视角下的东南亚国家间关系与区域合作》,《南洋问题研究》2019年第2期,第1—13页。

合作成员国间在民族、宗教以及文化等多方面的"认同"冲突的有效方式方法,也将对推进澜湄合作成员国间非传统安全合作、增加政治互信具有极为重要的意义。

五 提升各成员国对澜湄合作机制的认同,推动经济可持续发展

澜湄国家命运共同体构想的提出,是习近平主席应对国际复杂挑战、着眼于世界前途和人类发展提出的关于构建"人类命运共同体"的中国方案。杨建新等认为,"构建人类命运共同体理念根植于马克思主义'真正共同体'思想,马克思认为"早期的'虚幻共同体'不能代表绝大多数人民的实际利益","必定会被'真正的共同体'取代"。[1]

基于马克思"真正共同体"思想的启发,澜湄合作各成员国不能始终将澜湄命运共同体的构建停留在"口号与愿景的阶段",澜湄命运共同体构建的重要一步就是必须使其从"虚幻的共同"阶段转变成基于务实合作与可持续发展的"真正的共同体"阶段,即需要通过加强澜湄成员国间文明互鉴与交流这一重要途径,让区域内成员国及其民众充分了解并认同,在澜湄国家命运共同体推动下,中国与邻为善、与邻为伴的周边外交理念与外交方针以及合作共赢的区域发展核心理念,以有效加深区域内各国以及民众对澜湄合作内机制的认可。

20世纪90年代以来,中国在澜沧江—湄公河流域进行大量的水利水电资源开发,并通过修建水电站以帮助区域内多个国家改善电力需求。截至2018年,中国境内澜沧江干流共规划了23个梯级水电站,总装机容量约3200万千瓦,年发电量约1460亿千瓦时。现已有11座水电站完工投产,已完成的总装机容量约2100万千瓦。[2] 湄公

---

[1] 杨建新、徐双俊:《准确把握构建人类命运共同体思想的内在逻辑》,国家社科基金项目"马克思主义中国化的理论自觉、实践创新与国际影响研究"的阶段性成果,2019年。

[2] 《华能澜沧江:勇立改革开放潮头 推进澜沧江水电科学有序开发》,中国水力发电工程学会,2018年10月8日,http://www.hydropower.org.cn/showNewsDetail.asp?nsId=24469,访问日期:2020年6月13日。

河干流老挝段现已完成 1 座水电站投入运营，即沙耶武里大坝，这是湄公河干流上修建的首座大坝，装机容量 128 万千瓦，老挝还在湄公河干流计划建设 8 座大坝，用于发电改善其周边国家的电力供应需求。[①] 然而，由于中国早期在对澜沧江—湄公河流域进行水利资源开发以及水电站修筑过程中，项目信息公开程度较低，加之中国一直以来十分重视通过官方渠道与澜湄区域内各国就水利资源开发及合作进行官方层面的沟通，而对各成员国民众舆论渠道的传播与沟通不够重视。这一方面导致澜湄国家的众多民众认为中国在对澜沧江—湄公河流域的水利资源开发过程中"只建设不沟通"；另一方面使得中国在过去二十年推进澜湄区域水利资源合作过程中多次受到来自成员国民众、民营媒体、非政府组织甚至国际社会各界的严厉舆论攻击。至今，中国在澜沧江修建水坝的行为，一直被湄公河五国视为最主要的地缘政治风险之一。

中国在澜沧江水资源开发过程中所遭遇的舆论危机，其负面影响造成了湄公河五国民众对中国主导的澜湄合作的动机存疑。纵观目前湄公河五国主要媒体及媒介平台对澜湄合作的报道，其更多将澜湄合作视为中国利用资源控制胁迫各成员国配合开展谈判的外交政策与手段，而忽视了中国提出澜湄国家命运共同体背后所主要倡导的"合作共赢"以及"与邻为善"的区域共同发展理念。这也侧面反映出中国至今在推进澜湄合作过程中与多方交流互鉴不够深入，区域合作人文基础薄弱以及湄公河五国及其民众间对澜湄合作机制认可度不高的现实问题。鉴于此，中国通过加强与澜湄合作区域内各成员国间的文化交流与文明互鉴，对加强澜湄合作成员国对合作机制的认可以及帮助区域经济合作可持续发展具有十分重要的实践意义，其主要体现在以下三个方面。

首先，文化交流与文明互鉴为深化澜湄合作机制的认同提供重要推动力。目前中国所提出的关于澜湄国家命运共同体的构想，旨在推动澜湄区域合作机制的有效升级以加强各国在该区域的务实合作，并

[①] 《湄公河干流水电站建设为何频惹争议？》，广西大学中国—东盟研究院，2015 年 3 月 2 日，http://cari.gxu.edu.cn/info/1087/5982.htm，访问日期：2020 年 6 月 13 日。

持续为该区域可持续发展注入新的活力,但也对澜湄区域内各国相互间的人文合作与交流基础提出了更高的要求与挑战。"地区主义的发展也离不开社会—文化力量的推动。"[1] 澜湄合作若要得到更深的发展,需要中国在充分发挥主导角色的前提下,通过人文交流合作及文化认同所产生的重要力量作为推动力,使区域间各国及其民众深入理解中国在与周边国家合作过程中所倡导的文化理念,并充分认同澜湄合作机制,为澜湄合作的可持续发展创造更加和谐、包容、多元的人文交流与文化环境。

其次,和谐与包容的人文交流环境,能促进澜湄合作更稳定、更长远地形成有益的文化互动与文化认同,其作为一个有效的"融合地带"和"缓冲地带",对各国在澜湄区域经济合作与发展过程中所面临的利益冲突及矛盾能带来有效的化解作用。同时,中国通过加深与区域内各成员国间的教育交流、媒体合作以及民众互动的方式,能让各成员国及其民众更客观且理性地看待中国推动构建澜湄国家命运共同体的合作动机,让各成员国及民众切实感受到中国传统文化及文明与湄公河五国在文明与文化上的密切联系,从澜湄区域文明相互依存、和谐共生的出发点构建澜湄区域可持续合作与发展的现实必要性,以便让区域内各成员国及其民众先从感情上建立对澜湄国家命运共同体的情感认同,加深各成员国对澜湄合作机制的认可。同时让澜湄区域内其余成员国更深入看到并能理解中国所倡导的"天人合一"生态发展伦理观与构建澜湄国家命运共同体的重要联系,进而与各成员国在"尊重澜湄文明,保护自然"的前提下推动澜湄合作,坚持走可持续的区域经济合作发展道路。

最后,通过澜湄国家间的文化交流与互动,能有效重塑中国在澜湄区域的文化影响力,加深区域成员国对中国在澜湄国家命运共同体中的主导地位的认可。作为澜湄区域内的唯一大国,目前中国在该区域水资源投资开发、基础设施建设、区域安全合作以及农业经济合作等多个方面都承担起了主要的国际责任和义务,但由于中国对湄公河

---

[1] 卢光盛、别梦婕:《澜湄合作机制:一个"高阶的"次区域主义》,《亚太经济》2017年第2期,第42—45页。

五国人文互鉴、文化交流合作、文化意识形态输出等方面的投入不足，加之区域外大国的合作竞争与文化影响优势，间接导致中国在澜湄合作区域寻求更多合作主导权和规则制定权的过程中遭遇内部及外部的重重阻力。

通过文明交流互鉴，有利于加深与各成员国政治互信。通过积极构建文化认同影响力，切实让澜湄合作各成员国充分认识构建澜湄国家命运共同体对稳固区域经济合作与可持续发展的必要性，进而促使澜湄区域内其余成员国转变为更加主动的合作姿态。重塑并扩大中国在澜湄区域的文化影响力也能在塑造中国积极国家形象的同时，为中国在澜湄合作机制中寻求更多的合作主导权，并减少更多因文化认同差异与冲突对澜湄区域经济合作与发展带来的内外部阻力。

第二节　澜湄合作机制下文明交流互鉴的现状与成效

自 2015 年澜沧江—湄公河合作首次外长会宣布澜湄合作机制正式建立以来，中国在通过积极推动澜湄国家间各类文化合作交流项目落地并做好有效推动澜湄六国文明交流互鉴带头作用的同时，澜湄合作各成员国也十分积极地参与到推动澜湄国家文明交流与文化互鉴各类项目及活动中来。目前，从中国与湄公河五国在文明交流互鉴的各类项目的发展现状与成效来看，文明交流与文化合作模式更加广泛化、具体化、多元化，教育合作与人才培养规模呈上升趋势，旅游合作与文化往来日益密切，艺术作品输出层次类型更加丰富，提升中国文化软实力影响力等多方面发展特点。

一　文明交流领域和文化合作模式更加丰富与多元化

2016 年，澜湄"3+5 合作框架"在澜沧江—湄公河合作首次领导人会议被确立以来，作为框架内三大支柱之一的"社会人文"再次被提为重点发展方向。

首先，为了充分发挥地缘优势、友好的民众往来基础优势以及相近的文化认同优势，中国云南省以及广西壮族自治区率先推动澜湄六国间各类文化交流活动的落地与开展。2018 年 11 月，云南省文化和旅游厅印发了《澜湄合作机制下云南文化交流合作方案》，并将"推动建立文化行政部门负责人定期会晤座谈机制、办好'澜湄流域国家文化艺术节'、推动'澜湄流域国家文化遗产保护与推广研讨会'机制化高端化发展、开展澜湄流域国家跨国采风活动、开展澜湄流域国家博物馆图书馆交流合作、深化澜湄流域国家文化遗产保护合作"等六个方面作为云南省主动服务和融入"一带一路"建设，加强澜湄合作机制下的文化交流合作的重点任务。① 随后，澜湄国家文化遗址管理培训班于 2019 年 2 月 19 日至 21 日在缅甸蒲甘顺利开班。澜湄合作六国文化遗址保护专家通过在该培训会交流文化遗址保护经验与管理办法，进一步加深了成员国之间宗教文化的认同，而中国同时也在全力帮助缅方开展蒲甘佛塔修复、古城申遗勘测与规划，并积极参与若开邦妙乌古城遗址的申遗、保护和开发，② 这一举措也进一步体现了中国对澜湄成员国宗教文化的尊重与认同。

其次，中国设立了澜湄合作专项基金，为澜湄六国的文化交流与合作项目提供了重组资金支持。2017 年至 2019 年，在澜湄合作专项基金项目支持下，中国先后与缅甸、泰国、柬埔寨以及老挝签署了多类项目协议，合作领域也由原先的水资源管理、农业、产能合作和减贫等优先领域向医疗卫生合作、教育交流合作和文化交流等多个涉及文明交流互鉴的领域发展。③

最后，澜湄国家目前更加重视青年及青少年群体间的交流与合作，并且一改以往传统的青年文化交流模式，中国在过去几年中，带领湄公河五国就青年及青少年文化交流的领域及创新模式进行了有效

---

① 《澜湄合作机制下云南文化交流合作方案》，云南省文化和旅游厅网站，2018 年 11 月 6 日，http：//www.ynta.gov.cn/Item/41220.aspx，访问日期：2020 年 6 月 16 日。
② 《澜湄六国专家共商文化遗址保护合作》，《人民日报》（海外版）2019 年 2 月 23 日，http：//paper.people.com.cn/rmrbhwb/html/2019 - 02/23/content_ 1910277.htm，访问日期：2020 年 6 月 16 日。
③ 《澜湄合作专项基金柬埔寨新项目签约》，新华网，2019 年 2 月 14 日，http：//www.xinhuanet.com/world/2019 - 02/14/c_ 1124115330.htm，访问日期：2020 年 6 月 16 日。

探索。2019年1月在缅甸曼德勒举行的澜湄国家青年文化交流营，以及2019年3月在中国广西举行的澜沧江—湄公河"双城记"大型青年文化交流系列活动中，以"国家传统文化、民族艺术、城市文化、影视文化"为交流主体，有效推动了澜湄六国的青年建立相互的文化认同与文化理解，并为推进未来澜湄六国间的文化交流合作打下现实基础。除此之外，2019年3月在中国北京举行的第14届"澜沧江—湄公河青年友好交流项目"，2019年5月在中国昆明举行的澜湄青年领袖文化体验营以及2019年7月在中国青海举行的第三届澜沧江—湄公河青年创新创业训练营分别从青年创新创业交流、青年领袖培养和青年创新创业项目的发展等多个方面深化澜湄成员国对中国青年创业市场、青年人才培养模式的深入了解，对深化澜湄国家的青年交流与合作，促进澜湄国家青年深化了解、加强合作起到积极作用。同时，也为有效推进澜湄合作区域内各国青年创新创业项目的发展提供了更多的支持。①

二　教育合作与人才培养规模呈上升趋势

加深教育合作与扩大人才培养规模是保障澜湄合作机制可持续发展的重要基础，只有澜湄合作六国持续且稳定培养出大量的具有跨文化学习背景、多语言协调能力的专业人才，才能为推动"澜湄国家命运共同体"的构建提供有力的人才队伍支持。

目前，从来华留学生规模来看，泰国、越南、老挝、柬埔寨和缅甸的来华留学生人数从2014年的40757人已经迅速增加至2018年的67172人。从表4-1中可以看出，2014年至2018年，泰国来华留学生

---

① 《澜湄六国百余名青年在昆明开展文化体验交流》，新华网，2019年6月18日，http://www.xinhuanet.com/politics/2019-05/18/c_1210137474.htm；《澜湄国家青年文化交流营在缅甸启动》，新华网，2019年1月28日，http://www.xinhuanet.com/2019-01/28/c_1124055453.htm，访问日期：2020年6月19日；《六国青年"礼乐筑梦"开启澜湄大型文化交流》，中国新闻网，2019年3月17日；《澜湄合作有朝气：年轻的朋友来相会》，中国—东盟传媒网，2019年7月15日；《中国—柬埔寨青年环保文化交流活动暨2019年澜沧江—湄公河"双城记"大型青年文化交流活动举办》，中国日报网，2019年11月26日，https://baijiahao.baidu.com/s?id=1651247973346044518&wfr=spider&for=pc，访问日期：2020年6月19日。

人数长居中国来华留学生国别总数排行的前 3 位，老挝来华留学生总数从 2014 年的第 16 位增长至 2018 年的第 8 位，缅甸和柬埔寨两国的来华留学生人数增长更为明显，分别从 2014 年的第 29 位和 50 位分别增长至 2018 年的第 16 位和 33 位。根据泰国教育部公布的数据，2014 年至 2018 年间，泰国、缅甸和老挝的出国留学生人数分别有 30000 名左右、25000 名左右以及 20000 名左右，[①] 而结合中国教育部提供的来华留学生人数情况来看，中国已经成为绝大部分湄公河国家学生留学的首选。

表 4–1　　2014—2018 年澜湄国家来华留学生人数统计

年份 国别	2014 人数	2014 排名	2015 人数	2015 排名	2016 人数	2016 排名	2017 人数	2017 排名	2018 人数	2018 排名
泰国	21296	3	19976	3	23044	3	27884	2	28608	2
越南	10658	11	10031	11	10639	10	11311	11	11299	11
老挝	5040	16	6918	14	9907	12	14222	10	14645	8
缅甸	2317	29	4733	19	5662	17	6233	21	8573	16
柬埔寨	1446	50	1829	46	2250	43	3016	38	4047	33
总人数	40757		43487		51502		62666		67172	

资料来源：《2014 来华留学生简明统计》，教育部国际交流与合作司，2015 年；《2015 来华留学生简明统计》，教育部国际交流与合作司，2016 年；《2016 来华留学生简明统计》，教育部国际交流与合作司，2017 年；《2017 来华留学生简明统计》，教育部国际交流与合作司，2018 年；《2018 来华留学生简明统计》，教育部国际交流与合作司，2019 年。

另外，从中国赴湄公河国家的留学生规模来看，泰国已成为中国近年来留学热门国家。根据泰国教育部统计的数据，自 2014 年起，中国留学生在泰年均注册 9000 人以上，根据泰国朱拉隆功大学亚洲移民研究中心公布的数据，截至 2019 年，中国在泰留学生已经超过 30000 人，成为泰国第一大留学生来源国。[②]

[①] 泰国教育部 Office of Higher Education Commission, Thailand（OHEC）：http://www.inter.mua.go.th/main2/index.php，http://www.en.moe.go.th/enMoe2017/；老挝教育部：http://www.moe.gov.la/index_e.htm；缅甸教育部：http://www.moe-st.gov.mm/。

[②] https://css.ethz.ch/en/services/css-partners/partner.html/180339，访问日期：2020 年 6 月 16 日。

从汉语文化推广情况来看，截至 2019 年，中国在湄公河五国共计开设孔子学院 21 所和孔子课堂 15 处，其中包括在泰国开设孔子学院 16 所、孔子课堂 11 处，在越南开设孔子学院 1 所，在老挝开设孔子学院 2 所、孔子课堂 1 处，在柬埔寨开设孔子学院 2 所，在缅甸开设孔子课堂 3 处。除去由中国汉办出资创建的孔子学院及孔子课堂外，在缅甸掸邦、克钦邦以及曼德勒，泰国北部清莱府、清迈府和夜丰颂府等多地华人聚居区，当地华侨华人通过自发筹资捐建的形式，自 20 世纪 50 年代以来，在以上地区开设了大量的民办华文学校，小型民办华文学校几乎涵盖了每一个华人所聚集的村寨，其主要目的是针对其华人后代开展基础华文教育，以增进其后代对中华文化的身份认同与文化认同。

从语言教学与教育合作来看，根据中国教育部的数据，中国目前开设泰语专业的高校有 39 所，开设越南语的高校有 24 所，开设缅甸语的高校有 18 所，开设老挝语的高校有 17 所，开设柬埔寨语的高校有 8 所。其中，绝大部分语言教育专业都与相应国家的高等院校开展了"2+2"以及"3+1"的教学合作模式，为中国各类小语种语言专业学生提供了丰富且深入的语言实践能力培养与跨文化学习的机会。另外，为积极响应并主动服务中国"一带一路"开放战略和高等教育"走出去"的重要倡议，中国苏州大学与云南财经大学，在 2012 年和 2014 年先后分别在泰国与老挝创办了老挝苏州大学与曼谷商学院，通过探索新的人才培养模式，在教学中展现中国经济快速发展场景，把中国电子商务、大数据、支付革命、共享经济、现代物流、智慧交通等发展成就作为教学的生动案例，把中国故事和中国方案推广到周边国家，此类境外办学新模式也被视为"一带一路"倡议下构建澜湄国家命运共同体的有效途径和现实实践。

三 旅游合作与文化往来日益密切

进入 21 世纪以来，澜湄合作成员国旅游业得到了快速发展，澜湄国家间日渐密切且多元化的旅游合作模式为各国的经济发展注入重要活力。同时，旅游行业在湄公河各国间的快速发展，也有效增进了各国民众的互动与往来，并成为澜湄各国民众深入了解彼此国家传统艺术文化、民众文化和现代文化重要途径。通过促进湄公河各国间的旅游合作有效带动民众的相互往来，各国民众通过深入各国实景感受异国文化的同时，进一步体验不同民族国家文化认同体系下构建的民族情怀、宗教信仰、传统艺术、古代历史以及现代政治文化，则能更好更快地建立对湄公河各国的文化认同与情感共通。这也在一定程度上使在澜湄各国旅游合作政策带动下的民众间的往来与交流，成为构建澜湄国家命运共同体最有效的且最重要的途径之一。

在旅游合作与项目推进方面，2016年10月，中国在海南举办2016澜湄国家旅游城市合作论坛，并邀请柬埔寨、老挝、缅甸、越南多国城市代表以及旅游业界相关专家在海南共同参会，此次论坛通过并发布了"2016澜湄国家旅游城市合作备忘录《三亚合作愿景》"，旨在积极推动中国与澜湄合作成员国各主要旅游城市间的务实合作。2017年，中泰两国共同举办"澜湄文化行"，旨在"有效加深域内各国人民在艺术、公共文化服务、文化产业、文化遗产传承保护等方面的相互理解，进一步推进文化、旅游协同发展，为夯实澜沧江—湄公河流域内各国互联互通的社会根基发挥积极作用"。[①] 同年，中国云南省昆明市举办的"2017澜湄合作滇池论坛"，参会的六国的政府部门、工商协会部门和工商界人士及经贸界专家再次就深化澜湄区域国家间旅游合作达成共识，将持续深化澜湄合作成员国间旅游业合作，进一步加强各方在旅游、酒店等领域的合作。2018年11月，澜湄合作博览会在中国昆明成功举办，同时开设文化旅游产业发展论坛，旨在有效推动澜湄合作成员国间文化旅游与旅游产业合作全面互联互通的开放新格局。2019年"中国—柬埔寨文化旅游年"开幕式在柬埔寨金边举行，以进一步加强文化交流，扩大人员往来，促进文明互鉴和民心相通，为共建中柬命运共同体培育更为深厚的民意和社会基础。[②]

[①] 薛帅：《"澜湄文化行"增进中泰文化交流》，《中国文化报》2017年10月24日，http://www.sohu.com/a/199847111_115376，访问日期：2020年6月16日。
[②] 《李克强和柬埔寨首相洪森向"中国—柬埔寨文化旅游年"开幕式致贺词》，新华网，2019年1月30日，http://www.xinhuanet.com/politics/2019-01/30/c_1124066730.htm，访问日期：2020年6月16日。

表4-2 2012—2018年中国游客到湄公河五国旅游人数规模统计

(单位：人次)

年份 \ 国别	泰国	缅甸	老挝	柬埔寨	越南
2018	3191662	333085	805833	2024443	4966468
2017	9805753	212642	639185	1210782	4008253
2016	8757466	183886	545493	830003	2696848
2015	7934791	147977	511436	694712	1780918
2014	4636298	125609	422440	560335	1947236
2013	4637335	90550	245033	463123	1907794
2012	2786860	70805	199857	333894	1428693

资料来源：泰国数据来源，泰国国家旅游局网页（ATTA）：www.atta.or.th；缅甸数据来源，Ministry of Hotels & Tourism（MHT）：https://tourism.gov.mm/；越南数据来源，Ministry of Culture, Sports & Tourism：http://vietnamtourism.gov.vn/；柬埔寨数据来源，Tourism of Cambodia：https://www.tourismcambodia.com/tourist-information/tourist-statistic.htm；老挝数据来源，Statistics Report on Tourism in Laos, Ministry of Information, Tourism Development Department, Tourism Research Division, 2018。

在湄公河五国出境游客规模方面，自2012年澜湄合作机制正式提出以来，在各国旅游合作项目的推动以及互惠往来条件下，湄公河五国多个城市已经成为中国游客首选的出境旅游目的地，根据表4-2所示，2012年至2018年间，中国到泰国、越南、柬埔寨等国的游客人数也出现爆发式增长。结合湄公河五国相关旅游部门公开的数据，截至2018年，中国已经成为泰国、缅甸、越南和柬埔寨的第一大国际客源国。以越南和泰国为例，2017年，中国赴越南和泰国旅游者急速增长至4008253人次和9805753人次，分别占据其国家2017年度境外游客人数的60%及以上。

面对蓬勃发展的旅游市场以及大量的中国游客，湄公河五国旅游部门以及移民局等机构，也不同程度地为向中国游客提供更加便利的签证办理政策以及旅游服务。以泰国为例，自2017年开始，作为首个与阿里集团旗下的支付宝合作的澜湄合作成员国，顺利帮助泰国各金融以及旅游服务机构发展支付宝多项境外旅游服务合作，使得目前有更多的中国游客能够在泰国体验到更加便捷的旅游服务。另外，中国云南省和广西壮族自治区也在此期间利用其地缘优势,积极与缅甸北部、越南北部和老挝北部多个口岸城市打造边境旅游项目,不仅吸引了大量游客走入各国边境城市感受不同的边境人文风情,同时也为澜湄合作各成员国边境经济开发以及经贸往来注入更多活力。

2019年11月,"2019澜沧江—湄公河区域旅游合作工作会"在中国昆明召开,中国与湄公河五国代表就促进区域旅游深入交流与务实合作进行交流探讨,并发表《昆明共识》[1];同月,澜沧江—湄公河文化旅游交流暨中老柬历史古迹自驾游活动在中国昆明启动,旨在探索澜湄旅游新形势,深化流域国家的文化旅游合作[2];同样在当月,第44届大湄公河次区域旅游工作组会议、湄公河旅游协调办公室董事会会议等相关会议在柬埔寨金边举行,大湄公河次区域国家旅游组织、亚洲开发银行、湄公河旅游协调办公室、中国—东盟中心、日本—东盟中心、韩国—东盟中心均有代表参会[3];2018年7月,湄公河旅游论坛在泰国举行,吸引了来自湄公河五国及中国的政府官员、学者、旅游发展商[4];2016年12月,澜沧江—湄公河旅游城市合作联盟工作推进会在昆明举行,中国云南省与湄公河各国相关省市就旅游产业的相关合作宣传及产品开发进行广泛深入的合作[5]。

"两廊一圈"、澜沧江—湄公河合作等合作机制不仅持续推动东南亚地区在硬件设施上的不断合作,也同时为各国间文明交流互鉴提供了重要的途径。2019年5月,以"亚洲文明交流互鉴与命运共同

---

[1] 《2019澜沧江—湄公河区域旅游合作工作会发布〈昆明共识〉》,缅华网,2020年5月9日,https://www.mhwmm.com/Ch/NewsView.asp?ID=42021,访问日期:2020年6月13日。

[2] 余俊杰、姚兵:《澜沧江—湄公河国家深化文化旅游合作》,东方网,2019年11月16日,http://news.eastday.com/eastday/13news/auto/news/china/20191116/u7ai8918805.html,访问日期:2020年6月13日。

[3] 《中国—东盟中心代表出席第44届大湄公河次区域旅游工作组会议》,中国报道网,2020年1月19日,http://www.chinareports.org.cn/djbd/2020/0119/12810.html,访问日期:2020年6月13日。

[4] 《2018湄公河旅游论坛在泰国举行》,中国新闻网,2018年6月27日,http://www.chinanews.com/gj/2018/06-27/8549030.shtml,访问日期:2020年6月9日。

[5] 《六国共建澜湄旅游城市合作联盟》,中国商务部官网,2016年12月28日,http://www.mofcom.gov.cn/article/resume/n/201612/20161202406112.shtml,访问日期:2020年6月19日。

体"为主题的亚洲文明对话大会在中国北京举行,澜沧江—湄公河文化论坛、亚洲艺术节等文明交流互鉴活动也为湄公河五国与东盟之间的交流提供了专门化的舞台。

四 公共卫生合作增进民心相通

公共卫生安全一直是澜沧江—湄公河次区域内各个国家所面临的重要非传统安全威胁,"跨境安全治理"也是"澜湄合作机制下政治安全范畴内所要加强的重要内容之一"。① 并且随着全球化的迅速发展,"推动了国内问题国际化",加之"传统媒体与新媒体对于民意的塑造、传播和控制也达到前所未有的程度"。② 因此,通过非传统安全合作,以实践行动加强与澜湄合作成员国的政府、社会组织以及民众等层面交流与沟通,获取舆论支持与民众认可也成为澜湄合作机制下加强文化交流与互动的重要环节。

过去几年里,公共卫生问题频发对澜湄各国都造成了不同程度的经济损失,中国在推动澜湄合作区域内各国公共卫生合作过程中,也通过践行"中国担当"获得了来自各成员国政府、社会组织以及民众的支持和认可。自2020年1月下旬新型冠状病毒肺炎疫情暴发以来,湄公河五国对中国的疫情发展情况都给予了高度关注与支持。缅甸、越南以及老挝等国政府、社会组织以及民众都在中国疫情暴发的第一时间协助国内各地方政府及企业购入了大量的口罩等医用防护产品。③ 泰国政府也在第一时间对在泰中国民众出台援助政策,为因疫情而滞留泰国无法返中的中国民众提供签证延期办理以及免除所有滞留罚金的相关政策支持。④ 2020年2月5日,柬埔寨首相洪森访华并会见习近平主席,就中国所面临的新型冠状病毒肺炎疫情带来慰问与

---

① 卢光盛、张励:《澜沧江—湄公河合作机制与跨境安全治理》,《南洋问题研究》2016年第3期,第12—22页。
② 俞新天:《集体认同:增强国际话语权的关键》,《国际展望》2016年第3期,第1—16页。
③ 中国驻缅甸大使馆:https://www.mfa.gov.cn/ce/cemm/chn/xwdt/default.htm;中国驻泰国大使馆:http://th.china-embassy.org/chn/zgyw/default_1.htm;中国驻越南大使馆:http://vn.china-embassy.org/chn/。
④ 泰国移民局官方网站:https://www.immigration.go.th/index。

支持。①

相比西方主流媒体对中国新冠肺炎的失实报道和舆论误导所引发的种族歧视与冲突，泰国的《曼谷邮报》(Bangkok Post)和《泰国》(The Nation Thailand)，以及缅甸的《缅甸镜报》(Kyemon)和《缅甸之光》(Myanmar Alin)等湄公河国家的主流媒体都对中国在新冠肺炎疫情控制中所体现出的"中国担当"持续进行了大量积极和正面的报道。2020年2月20日，澜湄合作第五次外长会在老挝正式举行，湄公河国家外长们也对中国在新型冠状病毒肺炎疫情发生以来采取的有利举措进行了高度赞赏。② 同时，在新冠肺炎疫情暴发期间，澜湄合作成员国民众也通过社交媒体与中国民众积极互动，友好的民众互动与交流有效增进了澜湄合作成员国对中国文化的认同。

通过构建澜湄命运共同体的理念，目前中国通过在澜湄合作地区推进公共卫生合作，进一步增进了区域内各国政府、社会组织以及民众间的文化交流与互动，获得了区域内更多民众对中国文化以及中国对外合作理念及精神的赞赏与认同，为中国在将来推进周边区域合作争取了更多话语权的同时，也让澜湄合作区域内各国政府与民众更加深入地感受到中国区域合作过程中体现出的"担当"，增进了区域内各国民心相通，进而有效践行了澜湄命运共同体理念。

第三节　澜湄国家文明交流互鉴面临的问题与挑战

中国自古代以来就与湄公河五国在文化往来、宗教交流以及经贸合作等方面建立了密切的联系。相对于中国过去三十年来与湄公河五

---

① 《习近平：特殊时刻柬埔寨人民同我们站在一起》，中国新闻网，2020年2月6日，http://www.chinanews.com/gn/2020/02-06/9080645.shtml，访问日期：2020年6月19日。
② 《澜湄合作第五次外长会联合新闻公报》，中国外交部网站，2020年2月21日，http://search.fmprc.gov.cn/web/ziliao_674904/zt_674979/dnzt_674981/qtzt/kjgzbdfyyq_699171/t1748082.shtml，访问日期：2020年6月20日。

国在经贸关系、国家安全合作与区域产业经济发展等方面所取得的巨大成效与密切关系，目前中国与湄公河五国在政治文化、经济文化、民族文化等问题上仍呈现出了系统性的差异性与认知上的冲突性。面对与湄公河五国在经济发展、传统安全合作等合作领域存在的巨大"需求"与发展空间，中国与湄公河五国在文明交流及文化互鉴等领域则呈现出了发展缓慢且不相协调的"供给"能力。这也从很大程度上使得中国在尝试通过加深文明交流互鉴与湄公河五国共同构建澜湄国家命运共同体的过程中将面临一系列更加复杂的问题及挑战。

一　物质性权力的巨大差距成为构建文化认同的主要阻力

自20世纪70年代以来，特别是中国改革开放以来，与东南亚各国在多方合作领域与相互依赖性方面都有了显著变化，近年来，中国"一带一路"倡议以及"澜湄国家命运共同体"等发展思路的提出，更是进一步体现了湄公河五国在中国周边国家合作战略推行过程中的重要地位。然而，近年来随着中国的迅速崛起，"中国与东南亚在物质性权力维度上的不对称关系极为显著，这种不对称还会因为地缘相近且互动密集而进一步放大，愈加强化东南亚的敏感性和脆弱性知觉，导致对中国崛起的疑虑和害怕，难以与中国构建相互信任"。[1]

从历史发展的角度来看，中国古代对现今湄公河五国所处的中南半岛区域各国在国家安全合作、文化往来与经贸合作等方面的重视度一直不足。盛思鑫提出，"影响古代中国外交外系的维度包括：安全维度，文化维度（熟悉并接受中国经典和礼仪的程度）、经贸维度（经贸往来的重要性）以及地理纬度（综合的地理条件）"，其同时认为"古代中国有很强的文化自信与优越感，在古代中国较为强盛的时期，周边地区获得中原政权的重视，一个非常重要的手段便是修习和践行儒家文化"。[2]

尽管18世纪至20世纪华人群体的大规模迁入，一定程度上增加

---

[1] 魏玲：《东南亚研究的文化路径：地方知识、多元普遍性与世界秩序》，《东南亚研究》2019年第6期，第11—22页。

[2] 盛思鑫：《中国为什么传统上不重视东南亚？——21世纪海上丝绸之路的历史思考》，《厦门大学学报》（哲学社会科学版）2019年第5期，第109—122页。

了儒家文化在东南亚各国的影响力。但纵观湄公河的历史与现状，有越南北部地区因长期臣属中国，因而受到了儒家文化以及道教文化的主要影响，古代暹罗、缅甸、扶南国、真腊国、占婆国和堕罗钵底国均主要受到来自婆罗门教，即现今印度教文化的深度影响，其与中国古代所提倡的儒家文明在民族构建、国家管理、对外族文化的包容程度以及哲理认知体系等方面都有显著差异。加之古代东南亚地区各国与中国在贸易往来以及国家经济实力等方面所呈现的巨大差距，中国与东南亚多国的物质性权力差距在古代时期就已经体现出来。

湄公河五国现今所处的东南亚区域，在第二次世界大战及冷战结束过后逐步建立了逃离中国影响的传统。20世纪70年代后期开始，随着改革开放推动中国国家经济飞速发展，逐步增加了东南亚各国对中国崛起的担忧。加之中国在与周边国家开展文化交流过程时，因相关活动形式及项目内容常常流于表面，未能深入挖掘传播对象的需求，其过程所呈现出的中国文化自信与大国实力，常常遭致周边国民众产生对中国文化的反向认同作用。

"历史和文化传统对现实开放新格局的阻碍不容轻视"，[1] 当前中国在湄公河五国推进文化交流过程中，因缺乏大量实践性文化交流合作项目的有效开展作为前期合作铺垫，仅注重基于概念性且表面化的文化活动交流，这一类型的文化交流模式一方面的确能迅速将中国现今的大国实力及中国文化在对象国传播，但同时也更直观体现出中国与湄公河五国在地区物质性权力方面的显著差距，其民众更容易从中国宣传的中国文化自信以及大国实力中，反向感受到中国文化在对外交流过程中的"竞争性""威胁性"而非"包容平等性"。另外，巨大的物质性权力差距以及流于表面形式的对外文化交流模式，难以让湄公河五国其民众切实感受到中国在推动该区域发展中的投入与贡献，也难以让各国民众切实感受到来自中国的"相互尊重、平等对待"，反而容易让其余成员国将中国推动的文明交流互鉴活动视为中国为实现区域公共资源控制以及地区政策主导地位的单方面手段，进

---

[1] 盛思鑫：《中国为什么传统上不重视东南亚？——21世纪海上丝绸之路的历史思考》，《厦门大学学报》（哲学社会科学版）2019年第5期，第109—122页。

而使其民众难以产生对澜湄国家命运共同体的认同。

因此，就中国与湄公河五国文明交流互鉴的现实情况来看，如何在澜湄合作机制下正确把握好"文化交流与合作姿态"，如何为澜湄区域的文明交流互鉴提供有效且能让各国民众充分感受到"中国诚意"的文明交流互鉴方案，如何通过增进文化交流与合作化解中国与其余澜湄合作成员国因物质性权力差距所产生的认同危机等一系列相关问题仍旧是中国目前在与澜沧江—湄公河周边国家搭建人文合作交流基础过程中所面临的重要问题和现实障碍。

二 缺乏文明交流互鉴合作的可持续发展方案

目前，中国与湄公河五国间的人文合作基础仍旧薄弱，缺乏有效且具体的文明交流互鉴合作的方案，文化交流的形式、内容以及深度方面也仍有待改善。

从民众交流层面来看，自20世纪90年代以来，中国与澜湄成员国间虽然在国家政府层面持续保持友好文化交流往来，但国家间民众层面的跨文化交流基础薄弱。"澜湄社会人文合作仍然以政府主导的项目为主，在资金使用、政策扶持等方面均未对社会团体和非政府组织倾斜。社会团体和非政府组织参与途径局促，对澜湄合作认识和理解程度不足，参与意愿不高。"[①]

从文化合作模式来看，中国目前与湄公河五国所开展的文教交流活动仍主要为官方主导下的主题性、概念性的短期项目，这类项目所带来的持续性和影响力都相对有限。2018年11月，云南省文化和旅游厅印发了《澜湄合作机制下云南文化交流合作方案》，作为截止目前唯一的由中国地方政府制定的与澜湄文明交流互鉴相关的合作方案，该方案主要由地方政府主导，并面向澜湄合作其余成员国政府层面进行文化交流平台的搭建与项目推广。其中，该方案力推的六大重点任务全部为政府主导并全面负责推进实施，概念性较强，难于给予社会团体、非政府组织以及普通民众充分的参与度，也难以在各澜湄

---

① 刘畅：《澜湄社会人文合作：现状与改善途径》，《国际问题研究》2018年第6期，第87—103页。

合作成员国民众间得到足够的关注度。

从教育合作层面来看，中国与多个澜湄合作成员国的教育合作至今仍主要停留在汉语言教育或东南亚语言教育领域，结合语言及专业技术教育的合作办学项目极少且政策障碍多、成效不明显。然而要保障澜湄合作的可持续发展，则需要各国培养出大量的具有跨文化学习背景、多语言协调能力的专业人才，进而为推动"澜湄国家命运共同体"的构建提供充足的人才队伍支持。

总体来说，相较于澜湄合作机制下区域经济与安全方面目前所取得的合作成效来看，中国目前与澜湄合作成员国在文化交流与合作方面仍旧缺乏对文化交流合作项目功能与作用的清晰定位，同时也缺乏可持续发展的文教合作项目的具体实施办法以及操作方案，导致普通社会民众对澜湄文教合作项目认同度有限，进而导致目前澜湄主题相关的文化交流合作项目影响力也相对有限。

三　湄公河区域文化交流合作竞争激烈

大湄公河次区域合作机制（GMS）自20世纪90年代进入快速发展以来，美国及日本等多个区域外大国一直持续活跃并参与该区域的各项事务，并从未放弃在该区域持续建立影响力以进一步制衡中国影响力在东南亚地区的扩大。从20世纪70年代开始，日本政府通过积极地在东南亚各国进行开发援助和经济投资建设，为日本后续在湄公河国家持续推行合作政策以及建立国家文化影响力做了稳固铺垫。2003年底，日本与东盟各国召开了日本—东盟特别首脑会议，并公布了《湄公河地区开发的新观念》，2006年，日本则进一步推出了《日本—湄公河地区伙伴关系计划》。2009年，美国奥巴马政府正式上台以后，提出"亚太再平衡战略"，并首次与湄公河次区域国家召开了"美国—湄公河下游国家部长会议"，提出《湄公河下游倡议》。[1] 日本政府也进一步配合美国政府在湄公河次区域的战略为区域内国家经济开发提供援助，而美国则更加重视进一步扩展并深化在

---

[1] 任远喆：《奥巴马政府的湄公河政策及其对中国的影响》，《现代国际关系》2013年第2期，第21—26页。

湄公河区域环境、教育合作以及基础设施等民生领域的合作。"美国不仅通过教育交流项目传播公民社会、公共政策和环保等相关价值观,而且将这些观念植入其文化艺术等项目中,用音乐的形式关注社会话题,通过电影展现美国文化和生活,进而讨论民主和社会问题。"[①]

由于美国及日本等次区域外大国一直以来都在不断通过在湄公河次区域深入推进美国文化以及相关文教交流项目的合作,掌握了在湄公河次区域内各国建立文化影响力以及文化认同导向的主导权,加之中国在早期 GMS 合作中对文化合作以及文教交流的不够重视,致使中国目前在湄公河次区域想要通过加深与各成员国的文明交流互鉴来提升中国文化综合影响力时,则将面临来自区域外竞争国的一系列障碍和阻力。

目前,域外大国在澜湄区域的人文合作竞争优势明显,"美西方国家在开展湄公河国家社会人文合作方面已积累多年成熟经验"[②]。在过去 20 年里,美国以及日本等国家在东南亚各国以及湄公河次区域内各国所推行的文化交流及推广有着明确的目的性及完整的项目操作体系,在目前美国国务院大力向湄公河次区域国家推行的教育与文化交流项目中可以看到,其分别从文化遗产保护、学术交流、文化项目、青年项目、英语语言项目以及全球教育项目等多个方面为该区域的不同社会群体提供了丰富且多元化的项目参与合作机制,[③] 并且都具有持续且长远的项目可发展性与可持续性。

过去半个世纪以来,美国、日本及韩国等在对多个澜沧江—湄公河次区域国家不断进行经济援助及投资建设的过程中,十分注重通过大量流行文化产品的输入、形式多样的青年公益文化活动以及提供高等教育基金等多元化的模式,以培养该区域国家青少年群体对其国家

---

① 陈静静:《中美对东南亚国家国际传播的比较研究》,《对外传播》2019 年第 9 期,第 18—21 页。

② 李益波:《"从试探性渗透"到"全面巧接触"——浅析美柬关系的新变化》,《南洋问题研究》2014 年第 4 期,第 28—39 页。

③ United States Advisory Commission on Public Diplomacy, "2018 Comprehensive Annual Report on Public Diplomacy and International Broadcasting", 2019.

的文化好感与文化认同。相比之下，中国与湄公河五国在环境保护、文教合作、青年文化交流活动仍较多停留在政府主导组织层面，民间组织参与度不高，相应的文化宣传效果及影响力有限。"这些互动在推进人文交流与合作方面的功能、地位与作用等基本问题缺乏清晰的定位，流于表面，没有从深层次挖掘各国人文交流能特别吸引各国民众的源动力。"[1]

以上现象深刻反映出中国与其他澜湄成员国间人文合作基础仍需大力改善的现实困境。无法建立有效的文化交流基础，将导致澜湄合作成员国在构建澜湄国家命运共同体过程中难以搭建对彼此的文化信任，更加难以进一步构建互相的文化认同，进而不利于澜湄合作机制在该地区的推行以及长远发展。

四 文化产品输出规模效应不足

文化产品的对外输出，一直被当今世界各个强国作为建立国家对外文化影响力以及输出国家文化软实力的重要方式之一。除去英国及法国等国对湄公河次区域各国的殖民文化影响，自第二次世界大战结束以后，美国、韩国以及日本等区域外国家在东南亚各国积极且持续地搭建了极具其国家主流文化代表性的现代文化产品的输出模式。例如，美国好莱坞电影文化所倡导的"自由及民主"意识形态以及流行音乐文化所倡导的多元性文化，对湄公河次区域各个国家的不同社会及受众群体都具有特殊的文化吸引力及影响力。日本的卡通、动漫影视文化以及现代艺术设计文化，对湄公河次区域内各国的青年及青少年群体在艺术文化发展方面都带来了巨大的影响力。而韩国的 K-pop 流行音乐文化、青年偶像文化以及影视剧文化也给湄公河次区域内各国的青少年群体带来了更加深入的文化认同与文化崇拜。美、韩、日三国也同时通过投入大量的资金建立文化交流基金、开设文化体验项目以及艺术合作项目等方式，积极在湄公河次区域的各个国家民众群体中建立并持续扩大其国家文化影响力，通过深入构建文化认

---

[1] 任明哲：《澜沧江—湄公河次区域国家人文交流：现状、基础与挑战》，《东南亚纵横》2019 年第 3 期，第 21—27 页。

同进而为其国家在该地区开展战略合作提供人文合作基础。

自20世纪90年代以来，中国也开始陆续与湄公河次区域各国建立文化产品输出渠道，早期中国主要输出了一批极具中国传统文化代表性的文学以及影视艺术作品。以影视作品为例，中国的《三国演义》、《西游记》、《包青天》以及《还珠格格》等电视剧都深受泰国、越南以及柬埔寨等国家民众喜爱。然而，由于中国早期不够重视对东南亚关键是澜湄国家的文化传播，文化交流与文化产品合作也主要是面向政府层面的短期行为，导致中国近年来在与湄公河五国探索文化合作交流的过程中仍旧有文化产品输出规模效应不足的短板。

目前中国在湄公河五国所受其民众认可及喜爱的文化影视产品主要以古代经典作品为主，其所传达出的民族文化价值以及意识形态都与中国现代主流文化思想有一定的差异性，这也侧面导致了众多澜湄国家民众对中国的文化认同始终停留在"刻板印象"中，不利于湄公河五国民众对中国现代民族文化以及主流艺术文化构建一个客观的认知与认同。加之美、日、韩三国在该区域所构建的长期且稳定的国家文化影响力，使得在中国近年来在澜湄国家推行"一带一路"倡议以及"澜湄合作行动计划"过程中，面对区域外国家带来的激烈竞争的复杂局面时，文化软实力影响力被一定程度削弱。

中国也必须看到，美国、韩国及日本等国在湄公河次区域各国建立文化产品输出渠道的多元性以及其文化产品所带来的文化影响力不断扩大客观事实。而要如何拓宽文化产品输出渠道，增强文化产品竞争力，加深国家文化软实力影响力，积极打造中国文化的正面影响力以及如何扩大构建青年及青少年群体对中国文化的认同与热爱，都是中国在与湄公河五国推进文明交流互鉴过程中所无法回避的新的一系列现实问题与挑战。

明确的机制框架为推进澜湄合作机制尽快步入实质性发展阶段提供了重要的发展目标指向，湄公河区域在过去20年的发展中，多个合作机制重叠，区域经济合作增长乏力，非传统安全问题凸显，水资源合作阻碍不断，区域外大国博弈以及合作竞争压力等问题也相继出现。加之近年来中国对外援助与合作理论发生了较大转型，在对外区域合作过程中更加注重兼顾利益有效分配与可持续发展。但由于目前中国国家文化软实力发展实力有限，并且对周边国家的文化传播滞后，难以为中国在推进与周边国家区域合作发展过程中提供相匹配的非物质性权力保障。因此，如何通过推进与湄公河五国间的文化交流合作与文明交流互鉴，进而深化各成员国对构建澜湄国家命运共同体的"认同"，并通过达成利益共识以及政治互信的前提下，促使各方有效参与推动澜湄合作步入实质性发展阶段，是中国目前在澜沧江—湄公河次区域推进澜湄合作面临的主要挑战。

第 五 章

推进与澜湄国家文明交流互鉴思路与对策

与澜湄国家之间的文明交流互鉴，既要借鉴历史上各国之间文明交流互鉴的经验，也要根据当前的实际情况尤其是当今国际社会的状况，在思路和对策上实现创新。2019年5月，习近平主席在亚洲文明对话大会开幕式发表了题为《深化文明交流互鉴 共建亚洲命运共同体——在亚洲文明对话大会开幕式上的主旨演讲》的演讲，提出坚持"相互尊重、平等相待"，"美人之美、美美与共"，"开放包容、互学互鉴"的主张。[①] 湄公河国家国情不一，文化相异，只有相互尊重、包容共存、交流互鉴才能为形成澜湄命运共同体打下牢固的文化基础。推动澜湄区域文明交流互鉴，促进澜湄命运共同体不仅是当前大力加强周边外交、拓展"一带一路"和人类命运共同体的必然要求，也是历史发展的题中应有之义。

第一节 指导原则

一 相互尊重、平等相待

文明间的相互尊重、平等对待是实现文明交流互鉴的首要原则。习近平主席指出："文明是平等的，人类文明因平等才有交流互鉴的

---

① 习近平：《深化文明交流互鉴 共建亚洲命运共同体——在亚洲文明对话大会开幕式上的主旨演讲》，《中华人民共和国国务院公报》2019年第15期。

前提。各种人类文明在价值上是平等的,各有千秋,也各有不足。世界上不存在十全十美的文明,也不存在一无是处的文明,文明没有高低、优劣之分。在文明交流互鉴的过程中,必须秉持平等、谦虚的态度。如果居高临下对待一种文明,不仅不能参透这种文明的奥妙,而且会与之格格不入。历史和现实都表明,傲慢和偏见是文明交流互鉴的最大障碍。"①

文化是文明的现实体现,文化交流在文明交流互鉴中起基础性作用。文化是一个国家、一个民族精神生活的基本方式和永恒底蕴,也是其把握世界的特定思维方式和根本尺度。对于任何一个国家或民族来说,一个根本目标就在于,不仅必须与时俱进地闯出自己的生存发展道路,而且需要高瞻远瞩地建构起自身自觉自信的精神生活方式和文化思维。② 一个民族的复兴需要强大的物质力量,也需要强大的精神力量。没有先进文化的积极引领,没有人民精神世界的极大丰富,没有民族精神力量的不断增强,一个国家、一个民族不可能屹立于世界民族之林。增强文化自觉和文化自信,是坚定道路自信、理论自信、制度自信的题中应有之义。③

文明交流互鉴需要摒弃各种错误的思想与做法。文明交流互鉴,不只是大开国门,将自己的优秀文化拿出去和澜湄国家民众共享,也是一个吸收澜湄地区文化的过程。中国既不应妄自尊大,也不能妄自菲薄,当用一种平等理性的方式吸纳各国文化中的优良成分。尤其作为澜湄地区的唯一大国,中国更应当平等对待其他国家和文明,不搞歧视。当今世界正处在一个大发展大变革大调整时代,人类社会已经成为你中有我、我中有你、命运与共、休戚相关的命运共同体,国际力量正在此消彼长中朝着相对均衡的方向发展,文化在综合国力竞争中的地位越来越突出。个别国家的"背约""退群""筑墙",并不

---

① 习近平:《在联合国教科文组织总部的演讲》,《人民日报》2014年3月28日第3版。
② 冯鹏志:《迈向"中国特色"的文化建构——论习近平关于文化建设的重要论述》,《江海学刊》2020年第1期,第5页。
③ 习近平:《坚定文化自信,建设社会主义文化强国》,《奋斗》2019年第12期,第3页。

能扭转国际经济社会文化联系日益频繁和密切的现实,并不能违背全世界人民对"和平、发展、合作、共赢"的共同理想追求。割裂与国际社会的交流合作,只会削弱自身的"软实力"。而文化自信的国家和人民,对自身的文化越是自信,越会积极地敞开胸怀,与其他文明平等开展交流对话,积极接纳一切文明的优秀成果,并将自己在文化创新中取得的成果奉献给世界。

二 美人之美、美美与共

从历史的角度来看,当今人类文明发展到今天,不是一个文明的推动,而是众多文明共同推动的结果。同时,人类文明的发展更体现了人类文明因为交流互鉴才推动了文明的多样性和文明自身的发展。

现实中的人类文明大多以某个或多个民族和国家为载体,表现为某个或多个国家和民族的集体记忆。在漫长的历史长河中,人类创造和发展了多姿多彩的文明,文明交流互鉴不应该以独尊某一种文明或者贬损某一种文明为前提。积极交流和增进理解本身是加强民心相通的必要步骤,国之交在于民相亲,[①] 文明交流可以超越文明隔阂。人类历史反复证明,文明的相互交流与传播,构成人类文明发展的基本规律。不仅人类文明的产生是多源的,而且人类文明的发展也只有在不同文明的交流互鉴中才能够真正实现。当今,经济全球化已经成为推动人类文明发展的强大动力,中国在充分肯定文明交流对于不同文明突破自身难以避免的局限而实现相互借鉴和发展繁荣的重要性的同时,又充分认识文明隔阂在引发文明衰落上的现实性、复杂性、深刻性,坚持以文明交流超越文明隔阂,[②] 并在此基础上提出了"文明交流互鉴",既是对人类文明发展史的深刻认识,也是对文明关系的"中国方案"。

习近平主席指出:"坚持美人之美、美美与共。每一种文明都是美的结晶,都彰显着创造之美。一切美好的事物都是相通的。人们对

[①] 《习主席的"丝路新语"》,《人民日报》2014年7月2日。
[②] 冯鹏志:《迈向"中国特色"的文化建构——论习近平关于文化建设的重要论述》,《江海学刊》2020年第1期,第12页。

美好事物的向往,是任何力量都无法阻挡的!各种文明本没有冲突,只是要有欣赏所有文明之美的眼睛。我们既要让本国文明充满勃勃生机,又要为他国文明发展创造条件,让世界文明百花园群芳竞艳。"①湄公河国家自古便是诸多文明的交会地,印度教文明和佛教文明先后传播至此,中国儒家文明和政治制度深刻影响了湄公河五国的历史发展进程。但这更多是被动式和单向的交流,在新时期,实现各种文明间的交流互鉴,需要我们积极有为地拓展交流渠道,深化交流程度,增进交流方式,提升双边和多边互动和民间熟悉度与好感度,使中国和湄公河五国朝着澜湄国家命运共同体的方向迈进。

在历史和现实中,文明间的差异不可能被消灭,这是文明交流互鉴的基本前提。不同文明之间有差异,甚至存在矛盾是一种常态,但这不是必然导致"文明冲突"的原因。世界上不存在完全相同的文明,但是,文明差异既不是导致社会冲突的根本原因,更不是取消文明多样性的理由。相反,正是在文明的广泛交流和互鉴中,不同文明才既得以保持自身的独立性又得以在取长补短、择善而从、兼收并蓄中实现丰富和发展。可以说,丰富多彩的人类文明世界及其历史延续,正是在文明互鉴中才得以塑造而成。②

西方关于文明关系的片面的、对立的思维已经严重阻碍了人类文明的发展和进步。中国提出的"各美其美、美人之美、美美与共、天下大同"的文明交流互鉴观,不仅是对西方对立与冲突的文明观、西方文明中心论等论调的否定,更提出了未来世界文明发展的"中国方案"。当前,世界面临百年未有之大变局,西方发达国家在掀起逆全球化趋势的同时,不断挑动发展中国家间宗教、民族和文化冲突,以"文明冲突论"等论调炒作文明间的冲突,以西方基督教文明为救世主来"拯救"和"救赎"其他文明,将不同文明分出长短,忽视了不同文明内在的合理内核和潜在的可进步可发展的要素,用一种割裂的方式看待和处理世界。

---

① 习近平:《论党的宣传思想工作》,中央文献出版社2020年版,第401页。
② 冯鹏志:《迈向"中国特色"的文化建构——论习近平关于文化建设的重要论述》,《江海学刊》2020年第1期,第12页。

澜湄国家命运共同体是澜湄国家在共饮一江水的前提下，优势互补，互利共赢的结果，也是各国几千年来文明交流互鉴的结果。我们不唱独角戏，我们追求的是各民族汇聚的交响曲。中国应当在以"利益—责任—规范"为核心的新型周边关系理论的指导下，以建设周边命运共同体为目标，为新型国际关系和未来澜湄命运共同体的建设奠定良好周边环境和坚实周边基础。[①] 只有在尊重、认同和欣赏他者文明的条件下我们才能收获投桃报李。

三 开放包容、互学互鉴

尊重是信任的基础，学习是互鉴的前提。文明只有在交流互鉴中通过历史和实践的检验才能不断推陈出新，不断完成自我改造和升华。

在文明交流互鉴过程中，各种文化、不同文明，无论其发源如何，为谁所信仰，都应当兼收并蓄，以开放包容的姿态对待不同文明。中华民族自古就信奉"和而不同"原则，在处理自身与外部世界文明关系上，既满腔热情，又理性平和。坚持文明是包容的，人类文明因包容才有交流互鉴的动力。人类创造的各种文明都是劳动和智慧的结晶。每一种文明都是独特的，一切文明成果都值得尊重，一切文明成果都要珍惜。历史告诉我们，只有交流互鉴，一种文明才能充满生命力。中华文明本身既是在中国大地上产生的文明，也是同其他文明不断交流互鉴而形成的文明。[②]

从历史上看，中华文明与其他文明也曾有过冲突、矛盾、疑惑和拒绝，但更多的是学习、消化、融合和创新。比如，佛教传入中国后，经过长期演化，同中国儒家文化和道家文化融合发展，形成了具有中国特色的佛教文化和独特的佛教理论，并从中国传播到日本、韩国、东南亚等地，对这些地区产生了深刻影响。源自中国本土的儒家思想，早已走向世界，成为人类文明的重要组成部分。

[①] 卢光盛、别梦婕：《新型周边关系构建：内涵、理论与路径》，《国际观察》2019年第6期，第36页。

[②] 习近平：《文明交流互鉴是推动人类文明进步和世界和平发展的重要动力》，《求是》2019年第9期，第6页。

中华文明形成和发展的历史进程充分表明,只要中外文明交流畅通,中国就能够对世界作出重要贡献。中国、中华文明如此,其他国家、其他文明同样如此。①澜湄流域国家信奉不同宗教,有着各异的风俗习惯、社会制度乃至意识形态。我们既要驳斥必定发生冲突的"文明冲突论",更要反对强调某一民族、某一种族的"文明优越论",使文明共存超越文明优越。

人类历史反复证明,文明共存是维系人类文明多样性的基本条件和永恒正义,文明优越则是窒息人类文明多样性乃至文明发展生机活力的幽暗意识和强权意志。当今世界,尽管文明冲突论、文明优越论等论调不时沉渣泛起,但文明多样性始终构成人类进步的不竭动力,文明交流互鉴始终构成各国人民的共同愿望,文明共存始终构成人类发展的终极关怀和最高理想,文明发展的这一历史趋势始终穿越雾霾而浩荡向前。②

第二节　推进思路

一　以推动文明进步和世界和平发展为基本理念

在 2016 年 3 月 23 日发布的《澜沧江—湄公河合作首次领导人会议三亚宣言——打造面向和平与繁荣的澜湄国家命运共同体》上,澜湄国家共同提出,"我们一致认为澜湄合作将在'领导人引领、全方位覆盖、各部门参与'的架构下,按照政府引导、多方参与、项目为本的模式运作,旨在建设面向和平与繁荣的澜湄国家命运共同体,树立为以合作共赢为特征的新型国际关系典范"。③

从历史、战略、政治、经济、文化等维度来说,相较于中国周边

---

① 《求是》杂志编辑部:《文明交流互鉴的正确态度和原则》,《求是》2019 年第 9 期,第 17 页。
② 冯鹏志:《文明自信的中国理念及其世界历史意义——论习近平关于文明交流互鉴的理念》,《北京行政学院学报》2020 年第 2 期,第 111 页。
③ 《澜沧江—湄公河合作首次领导人会议三亚宣言——打造面向和平与繁荣的澜湄国家命运共同体》,新华网,2016 年 3 月 23 日,http://www.xinhuanet.com/world/2016-03/23/c_1118422397.htm,访问日期:2020 年 6 月 7 日。

其他区域，湄公河地区是中国深化区域合作和构建人类命运共同体最有基础、最有条件并最有可能取得实质性成效的区域。湄公河地区同中国地缘相近、人文相亲，是东盟的重要组成部分，是中国和东盟之间的陆上连接枢纽，是"一带一路"的交叉结合区域。湄公河地区比中国其他周边地区有着更好的市场需求和经济合作基础，领土争端、恐怖袭击等区域风险也比较少，中国与湄公河国家的合作进程受其他因素影响而中断、逆转的可能性小。此澜湄六国可以"发挥天时、地利、人和优势，勠力同心、携手并进，打造澜湄流域经济发展带，构建澜湄国家命运共同体，造福地区各国民众"。[①] 可以说，澜湄国家命运共同体具有十分突出的探索和实践价值。澜湄国家命运共同体建设，将为人类命运共同体建设起到示范作用，提供实践经验，进一步夯实人类命运共同体建设的实践基础。

澜湄国家自第二次世界大战结束以来历经磨难，直至20世纪90年代才全部进入和平时期，部分国家仍受反政府武装或地方民族武装势力的困扰。需要各国进一步秉持进步和文明的观念，推动矛盾的和平转化和解决。历史证明，中国和东盟所提倡的和平发展理念更加适合澜湄各国的国情。中国作为文明交流互鉴的重要倡议者与参与者，应当积极主动发挥主导型角色，以身作则，不以霸主和强权的身份与他国对话，在互动交流中不仗势欺人、以权压势。

二 以构建人类命运共同体为根本方向

构建人类命运共同体重要战略思想，是习近平主席着眼人类发展和世界前途提出的中国理念、中国方案，符合世界历史发展规律，受到国际社会的广泛赞誉和热烈响应。作为中国周边外交重要组成部分和建立人类命运共同体的重要一环，推进澜湄命运共同体建构既是加强与周边国家互动的必然要求，也是建立人类命运共同体的基本要求。

---

① 王毅：《做好"六个提升"，构建澜湄国家命运共同体》，外交部网站，2017年12月15日，https://www.fmprc.gov.cn/web/wjbzhd/t1519914.shtml，访问日期：2020年5月28日。

2015年3月，由中国国家发展改革委、外交部、商务部共同发布的《推动共建丝绸之路经济带和21世纪海上丝绸之路的愿景与行动》中提出发挥云南区位优势，推进与周边国家的国际运输通道建设，打造大湄公河次区域经济合作新高地，建设成为面向南亚、东南亚的辐射中心。① 同年9月，国家主席习近平在纽约联合国总部出席第七十届联合国大会时发表重要讲话指出："当今世界，各国相互依存、休戚与共。我们要继承和弘扬联合国宪章的宗旨和原则，构建以合作共赢为核心的新型国际关系，打造人类命运共同体。"

基于此，中国在推进人类民运共同体的基础上，逐步深化与周边关系措施。在2018年第二次澜湄合作领导人会议上，李克强总理提出："倡导和参与澜湄合作是中国推动构建人类命运共同体的生动实践，也是对亲诚惠容周边外交理念的具体落实……中方愿与湄公河国家一道，全面梳理总结澜湄合作的进展，在新的起点上谋划好合作未来，打造澜湄流域经济发展带，建设澜湄国家命运共同体，为本地区和平与发展注入强劲动力……澜湄合作面临新的机遇，蕴藏着巨大潜力。我们应以更坚定的决心、更协调的步伐、更有力的举措，把握机遇、乘势而上，推动澜湄合作从培育期顺利迈向成长期，使之成为次区域合作和南南合作的典范。"② 从可见的中长期规划看，中国应当利用澜湄命运共同体建设的契机，将建设人类命运共同体和推进周边外交建设相结合，将澜湄区域建设成为成果丰硕的示范区。

在具体措施上，中国以着实有效地推进澜湄合作为基础，以大湄公河次区域为周边外交重点，践行"一带一路"倡议，加强澜湄区域政策沟通、设施联通、贸易畅通、资金融通、民心相通程度，拓展打造澜湄国家命运共同体，作为人类命运共同体的先行先试。为此，需要在多方面开展工作。一是夯实周边利益根基，深化战略机制对接，打造中国外交战略前沿和新增长点；肩负起建设性大国责任，树

---

① 国家发展改革委、外交部、商务部：《推动共建丝绸之路经济带和21世纪海上丝绸之路的愿景与行动》，《人民日报》2015年3月29日第4版。
② 《李克强在澜沧江—湄公河合作第二次领导人会议上的讲话》，2018年1月11日，http://www.xinhuanet.com/world/2018-01/11/c_1122240871.htm，访问日期：2020年5月28日。

立负责任大国形象,逐渐淡化周边疑虑与分歧。二是增强软实力建设,提升国际话语权,引领周边共同改革和完善现有国际规范。三是充分考虑次区域各国经济社会发展的当前需求和中长期愿景,加强全面沟通和相互了解。在互利互惠的基础上,找到新的契合点、更多的利益共同点和经济增长点,进一步凝聚共识,提升合作意愿。四是在强调"3+5+X"综合措施的同时,提升文明交流互鉴层次,以民心相通促进多边合作,提升相互依赖。

三 政策层面,以文明交流互鉴融入治国理政框架

文化是民族生存和发展的重要力量,是文明的现实体现。人类社会每一次跃进,人类文明每一次升华,无不伴随着文化的历史性进步。世世代代中华儿女培育和发展了独具特色、博大精深的中华文化,为中华民族克服困难、生生不息提供了强大精神支撑。古往今来,中华民族之所以在世界有地位、有影响,不是靠穷兵黩武,不是靠对外扩张,而是靠中华文化的强大感召力和吸引力。先人早就认识到"远人不服,则修文德以来之"的道理。[①] 中华文化在漫长的历史中不仅影响着中国人自己,伴随古代文明交流与互动,早已迈出了国门,澜沧江—湄公河流域诸国在历史上深受中华文明的影响,中华文明的风俗习惯、道德文化对湄公河国家的影响是全面的,官制、学制、法制、礼制、田制、税制、风俗习惯等诸方面,都展现了中华文化的影响。

历史是再出发的基础。当前,澜湄社会人文合作领域广泛、基础雄厚、机制化程度不断加深、国家参与度有所提升,进展良好,但也存在顶层设计和配套机制建设短板、社会团体和非政府组织作用发挥不够、大众文化的传承和创新不足、人才队伍薄弱等问题,同时还面临着"排外"风险上升、域外国家对本地区持续影响、对社会人文合作存在认知分歧等挑战。可通过加强顶层设计、激发广泛参与、突出重点领域、加大资源投入和弥合认知差异来进一步推进澜湄社会人

---

① 习近平:《坚定文化自信,建设社会主义文化强国》,《奋斗》2019年第12期,第1页。

文合作，更好地为澜湄国家人民造福。

对此，首先，应加强民心相通。民心相通不是简单地联谊交流，而是成体系的立体性的文化互动，这不仅要求在国家行为体单位间接触，也要求在基层政府间强化互动，同时在交流时更要注意当地风俗习惯，要在理解的基础上推进民心相通，有时互动的加强不一定能推动理解的深化，要在互相尊重、互相体谅、互相理解的基础上深化同澜湄国家的关系。其次，要加强智库、高校和研究所等的相互沟通，进一步推动大学校长联盟规划，高校不仅为社会培养下一代人才，自身也为相关国家战略建言献策，推动民间外交和公共外交进程。在人文宣传中既需要知识分子的理解和认同，更需要他们的参与和投入，进而形成一股合作、包容、共存、依赖的思潮。这不仅有利于做好向各国群众的宣传工作，也有利于在可预见的中长期合作中推进双边和多边互信。最后，在稳步推进早期的经济和人文交流合作成果的同时，也不应忘却政治层面建设，加强顶层制度设计，推进领导人会议、外长会、高官会和工作组会四级会议机制。同时在文化产业、文化事业等不同方面提供有力支撑，促进澜湄国家交流互鉴，也可为治国理政的文化政策提供新的有益经验。

四　多层次、多领域、多方法开展文明交流互鉴

当前需要重点推进一批早期收获项目。根据已经达成的共识，各国要确保新机制启动顺利、行稳致远，率先取得实质性和有影响力的成果。为此，各国将从互联互通、产能合作、跨境经济合作、水资源合作、农业和减贫合作五个方向优先推进，提供政策、金融、智力三个方面的重要支撑，以项目为主导，尽快落地推进。以物质沟通和实践操作为基础，使得多边的人民可以共享知识，共度文化节日。同时也针对澜湄合作相关文化规划进行进一步审议和批准，尽快落实到具体项目层面去推进。

中国应积极有为地实现澜湄国家间各机制间的联动和对接协调。充分发挥中国自身优势和澜湄合作机制的创新特点，注重加强与大湄公河次区域合作、东盟—湄公河流域开发合作、湄公河委员会等域内其他合作机制的相互协调，合作发展，建立健全与各种合作机制之间

的联动和协调体系。争取发挥出各自优势，共同推进区域一体化进程。加强与联合国教科文组织、联合国文化单位和各国文化部门的沟通，推动双边以及多边文化合作的对接和衔接，与次区域内外的国家和国际组织展开积极有效的合作。进一步增进共同体的活力，保障交流的有效实施和持续开展。

与此同时，中国在推进文明交流过程中，要积极开展国家间协调，拓展合作空间。中国与其他国家在湄公河地区虽存在竞争，但也有合作的空间。在彼此尊重的前提下开展合作，培养互信的基础。例如，在产能、农业、减贫、教育、环保和旅游等具体功能领域，中国可以尝试开展务实合作。以中国云南省为例，当前，在生产领域，由云南作为参与主体建设的老挝万象中心、老挝万象赛色塔综合开发区、磨憨—磨丁跨境经济合作区多个项目已建成或进入收获季。越南龙江工业园、缅甸皎漂经济特区工业园和深水港、柬埔寨西哈努克港经济特区、柬埔寨暹粒吴哥国际机场等项目也进展顺利，为扩大企业对湄公河国家的投资提供了良好平台。在农业方面，云南省成功举办第一届和第二届澜湄合作村长论坛，邀请区域六国的政府部门、世界组织的代表，以及云南大营街村等一批国内外具有知名度和影响力的村庄和合作社代表参与互通交流，还发起成立澜沧江—湄公河村社发展联盟，定期开展论坛、研讨等交流活动，不定期开展培训活动，并举办澜湄国家农产品博览活动，推动云南与各国在农业领域的务实合作。在减贫方面，云南省国际扶贫与发展中心启动了中国援缅减贫示范合作技术援助项目，向缅甸派出常驻人员，在缅甸推广云南及我国成功的减贫方法与经验。

类似举措不仅有利于湄公河国家的发展，也有助于减少湄公河国家对中国的猜疑。此外，应进一步实现国内各部委、省区间，政府与市场间以及中央和地方间关系的协调。从物质实打实的层面拓展双边和多边关系，更好营造澜湄命运共同体。另外，可以将澜湄合作作为立足中国周边外交的机制框架，需要国内各个省区、部委之间协调分配。云南作为南亚、东南亚辐射中心的建设目标定位和打造西南、中南地区开放发展新的战略支点，作为中国与东南亚国家，尤其是东盟进行双边经贸往来的前沿，加强边境省份在历史上扮演互动参与者的角色，以及新时期承担互学互鉴实施者的身份。交流互鉴不是单方面的学习和投入，而是彼此在互相尊重的基础上，学习对方的长处共同进步，取长补短，学优补差。

第三节　具体对策

目前相比经济等方面，澜湄合作在文明交流互鉴方面有限。为达成澜湄次区域的长远稳定合作，加强澜湄合作各国对澜湄合作的政治互信与利益共识，在澜湄合作"3＋5＋X"的合作框架下，我国应当提高对澜湄合作社会人文支柱的重视程度，加大澜湄六国双、多边的文明交流互鉴，从而从文明角度助推澜湄合作的深入互动交流，夯实各成员国间的文化交流基础，推动澜湄国家命运共同体的进一步深化建设。从实践角度而言，推动文明交流、文化互鉴的举措可以从多主体视角、多实践层次和多实践领域入手，推动澜湄国家间在文明上的沟通对话与相互理解、相互融合。

一　"一国一策"细化国别文明交流举措

湄公河五国的宗教、民族、文化、政治体制等背景具有较大的差异性，在社会文化交往中不应一概而论。正如英国学者提出的，大国负有义务根据所承担的管理责任对自己的政策加以调整，而且其他国家也认为大国负有这个义务。[①] 作为区域内唯一的大国，中国在制定区域性外交政策的过程中应当承担根据其他国家的利益诉求而调整自身政策的义务，在开展民间外交、进行文明交流互鉴的工作中也不例外。由于文化交流互鉴的最终落脚点是各国具体的民众，具有细致、深入、日常的特征，因此在文化交流互鉴的开展过程中必须摆脱针对性不足、脱离受众的"泛文化交流"，而要依据"一国一策"的思路，针对每个国家不同的文化和人群的特征，有的放矢地实现精准文

---

① [英]赫德利·布尔：《无政府社会：世界政治秩序研究》，张小明译，世界知识出版社2003年版，第162页。

明交流。

为实现"一国一策"的策略，中国国内方面，需要加强支持相关政府部门、高校及智库等机构对湄公河五国的国别研究工作，针对湄公河五国开展具有全面性的、深入民间社会的、能及时反馈的研究。除培养对象国留学生外，更要建立长效的国内专门人才培养机制，通过培养通晓当地语言、了解当地文化和风土人情、与当地人士有深入交往的人才，从而提升针对性的"一国一策"人文外交成效；需要打通面向其他五国进行研究及实践的交流团体之间、学界与业界之间经验沟通互享的渠道，使与湄公河五国的文化交流互鉴方针既具备顶层宏观的政策制定大方向，又有基于实践细节的、及时根据当时当地情况进行调整的文化外交策略，实现外交理论与实践的相互结合与转化。利用云南省、广西壮族自治区及再下一级的边境地方区位优势，在以往的交流互鉴基础上，立足地方、放眼中央，通过国家层面在政治、经济、法律、金融等各方面的安排，为澜湄六国的文明交流互鉴提供全方位的政策助力。

在外交方面，"一国一策"策略的制定需要就湄公河五国内部的不同群体进行更为详尽的调查，对不同宗教、地区、年龄、文化背景的群体进行分类，根据面对交往对象的不同调整在当地进行文化交流的策略。例如，与缅北的文化交流可以云南边境地区少数民族文化为立足点，通过加强与缅北跨境民族群体的来往，为缅北地区民众提供更多与中国文化教育往来的机会；还如，通过区分泰国国内具有不同政治立场的群体，针对对华友好的、中间的以及对华以负面认知为主的不同群体，确立不同的沟通交往的步骤与方式；又如，针对柬埔寨不同地区的群体进行不同策略的交流往来，对金边、贡布港等地区的交往传播策略就应不同于其他中国民众活动较少地区的策略；等等。

当前，在澜湄国家内部所进行的交往活动已经超越了"粗放播种"的时期，应当开始进入"精耕细作"的国际合作新阶段。通过"一国一策"外交策略，鼓励对湄公河五国展开差异化的国际合作研究与实践，为澜湄国家间增强政治互信、增进文化交流互鉴奠定深厚踏实的智识及政策基础。

二 推动建立澜湄国家政府间文明交流工作的机制性沟通框架

人文交流活动需要具有规律性、稳定性和持续性。政府较难通过行政手段在人文交流领域取得卓有成效的举措,但政府可以为民间自行开展的沟通交流搭建通畅高效的平台。通过建立澜湄国家政府间沟通交流的机制性平台,一方面可以为民间交流行为塑造良好的模板,使六国的普通民众通过政府间开展的文明交流互鉴活动形成对六国间友好关系的良好认知,另一方面也可以为民间外交的文化交流活动搭建起基础、有效的平台。

目前,澜湄合作已经形成了"领导人引领、全方位覆盖、各部门参与"的格局,建立了领导会议、外长会议、高官会议、优先领域联合工作组会议等四个层级机制,在政府间沟通机制方面搭建了良好的前期基础。在后续的合作过程中,应由各国政府主导,鼓励支持其他主体积极参与,逐步建立多层级、多领域、依托基层的、规律性交流通报的政府间沟通框架。其中,文明交流互鉴领域的相关机制由于敏感度低、互信释疑效果良好、发挥作用相对较快,可在各国间信息沟通框架中优先考虑成立。

六国可从高层起步,将现在已经取得优秀成果的文明交流互鉴活动规范化、机制化、扩大化、长期化,在优先领域联合工作组中扩充人文交流领域,举行澜湄人文交流高层磋商机制会议,由点到面地开展文明交流互鉴领域的外交工作,从而以高层引领,机制为辅,带动民间,切实增进澜湄六国间的互信与友谊,消除偏见与误解。

当前,澜湄合作一年一度的"澜湄周"活动已经在高校、医疗、艺术团体等群体中开展,为澜湄合作建立机制性的文化交流提供了良好的范本。参照中国所推行的"文化周""文化月""文化年"方式,澜湄合作可建立起以周、月甚至年为周期单位的人文领域交流活动,以连续、日常、民间、长期的方式开展文化交流活动,使六国间的文化交流避免一时一刻的、"来势汹汹、去时无踪"的、完成任务式的弊病,为文化传播提供充分的"润物细无声"的时间与空间。

三 主导设立澜湄合作机制社会人文领域专项基金

澜湄合作得以迅速建立并推行的原因是，澜湄合作是由六国共同建立、为六国量身定做的区域性合作机制。成员国的积极参与和推动在澜湄合作的发展进程中扮演了无可替代、至关重要的角色。当下而言，中国在文化产业的竞争力与美国、日本等其他域外大国或区域大国之间还存在一定的差距，但近年来，中国与部分湄公河国家之间双边文化交流的频率和深度均与日俱增，例如鼓励中国优秀影视作品的输出，推动中外合作制作纪录片、电影、电视剧，共同合作举办艺术节，等等。

类似于此，相关领域的合作目前已经初见成效，因此可以考虑在澜湄合作的专项基金中为文明交流互鉴领域设立专项的基金额度，继续给予相关产业一定的政策优惠与扶持，通过政策鼓励促进民间行为自主蓬勃发展，从而扩大澜湄合作在社会人文领域的成果。在专项基金鼓励下，六国可考虑共同资助人文艺术领域的各类活动，主导设立联合研究推广中心，举办澜湄文化论坛类主题活动，将文化节和文化月活动定期化，并在专项基金资助下推动文化机构、文化产业和文化企业之间专业领域的交流、人员往来和产品合作。结合各国自有的文化产业基础和园区基础设施基础，通过专项基金扶持带动六国文化产业的集聚，结合产业集聚效应，培养更融合、更多元、更具有生命力的澜湄文化产业与文明圈。扩大人文交流的细分领域，除在教育、体育、艺术、媒体等领域开展进一步的系列活动外，在科技、医卫、环保、地方人文交流合作等领域扩大交流合作，探讨建立友好省州、友好城市关系，进一步推动澜湄六国的文明交流互鉴活动向更丰富、更深入的方向发展，为澜湄合作另外两个合作支柱的稳步推进夯实民意基础。

四 回溯澜湄国家的共同历史渊源

澜湄国家山水相连，地缘相近，人缘相亲，且相互间具有悠久的文化交流的历史。中国的文化、民俗、传统与湄公河国家在长久的交流中具有极大的相似性，而各国间的跨境民族、跨国村寨等更加降低了各国因国境线而存在的分别。再者，澜湄国家中的大部分国家都有类似的遭殖民、遭侵略的历史记忆。在中国与澜湄成员国的交流互动过程中，中国方面在交往中应有意识地弱化"中国文化优越论"以及相应的国家实力优越感，避免人文交流不当而造成不良的负面效果。与此相反，如果中国深入挖掘与湄公河五国之间在文化历史上的共性，通过有意识地回溯六国间相同相通的文明史、民族史、外交史、战争史等历史渊源，可以为推动社会人文领域的交流发展提供有利的基础条件。

在澜湄合作框架下，各国可通过高校、智库、民间机构等建立联系，并通过学术研讨、艺术创作、宗教交流、宣传展览等方式对澜湄六国之间在文明领域的共通渊源进行发掘与宣传，从而强调六国间在文明历史方面的共通性，塑造良好的文化互信及民间对澜湄地区的文化认同。进一步加强地方交流，发扬六国之间的文化共性，鼓励云南、广西地方政府与越南、老挝、缅甸相邻地方省府开展多领域、各层级、互助互利的日常往来，与柬埔寨、泰国合作开展历史文化研讨、地方民族交流等活动，通过实践活动进一步为挖掘、塑造澜湄六国间的共同历史文化认同提供当代实践基础。

五　塑造澜湄区域的特色人文交流品牌

澜湄国家在文化上最大的共性是水文化、民族文化和宗教文化。目前，澜湄合作已经设立了一年一度的"澜湄周"活动，来自六国的学者、学生、职工等群体在这一活动中已经开展了丰富多彩的各类交流、庆祝活动。在此基础上，澜湄六国可以在具有较强文化共性的话题上深入发掘，以文明交流带动民生发展，使文明领域的交流互鉴在实际上促进六国的地区联系与发展。

澜湄国家可重点通过澜沧江—湄公河的河流文化以及由此派生的"上善若水"水文化，通过六国共同关心的水资源领域，强调澜湄地区文化的包容、友善、汇合、谦逊等特质；通过举办六国佛教交流传承活动，进一步加强各国间的文化交流，促进区域稳定和平发展，同时推动六国地方在基础设施、地方经济发展等其他方面的互助；通过联合打造澜湄河道旅游航线等区域特色跨境旅游项目，树立具有澜湄特色的旅游产业品牌，助推域内外旅游服务行业增长，带动区域经济发展与民生的改善；通过跨境民族共同庆祝节日等活动，强调六国间在民族文化上的共性，弱化国家间区别，带动更深层次的区域认同；通过继续支持澜湄媒体峰会的举办，进一步扩大媒体方面合作，借助现代通信科技工具设置六国民众可参与的共同议程，加强六国间民众的相互了解与认同；通过共同制作与澜沧江—湄公河地区文化、历史、当代社会人文等元素息息相关的文艺作品、影视作品，扩大澜湄文化的影响受众，培育各国家及地区间的相互了解与认同；通过举办澜湄次区域热带国际马拉松比赛、澜湄次区域跨境拉力赛等体育赛事，并辅以配套的地方文化展示与表演，带动地方相关产业发展，促进区域发展与文化认同；等等。通过打造具有澜湄次区域特色的人文交流品牌，可从各方面提升澜湄次区域民众对这一区域成员身份的认同，助推澜湄次区域的文明交流互鉴，为澜湄国家命运共同体的建设奠定深厚的文化基础。

六 完善澜湄地区人才交流机制

当前，澜湄国家的高校留学生、专业技能培训、职业教育培训、企业产业等方面的人才交流已经具有良好的基础，历年来，由青年、专业就业人员、企业从业者往来带动的六国间的社会文化交往已经取得一定成绩，澜湄合作《第五次外长会联合新闻公报》提出，外长们赞赏澜湄合作在相关方面取得的显著进展，同意支持在相关领域开展更多项目和培训，鼓励提供更多奖学金，增进各国民众福祉[1]。

在下一步工作中，澜湄国家可通过政策协调，进一步提升相关特定人群区域内往来便利化，例如探讨留学生、跨国就业劳动力在中国与湄公河国家之间来往免手续通关的可能性与可行性；通过产业深化融合，提升六国间人力资源交流程度，探索引进人才的特殊政策优惠，鼓励澜湄国家企业、就业人员落地边境贸易合作区或工业园区，

---

[1] 澜沧江—湄公河合作中国秘书处：《澜湄合作"多点开花"合作领域不断拓展》，澜沧江—湄公河合作中国秘书处网站，http://www.lmcchina.org/hzdt/t1759660.htm，访问日期：2020年5月30日。

同时充分了解调研其他各层次人群的不同需求，如跨境劳工群体的相关需求，在保证各方安全的前提下降低中国与湄公河五国间人员往来的通关成本，从而提升澜湄地区人群通关便利化程度，为六国间民众交流提供渠道。

此外，为提升澜湄国家间文明交融程度，可尝试教育培训的多层次化与国际化合作，为跨境居住、聚集地区的各类群体，如儿童、妇女等提供公共活动场所，发掘地方文化共性。可通过澜湄合作机制，探索"异国同校、多语教学"的方式开展边境跨国中小学初级教育机构合办的可能性，提升边境地区儿童教育质量，培育六国友好的"澜湄精神"友谊种子。通过教育的国际化合作，充分整合利用澜湄国家的教育资源，如打通澜湄国家高中与高等教育机构之间的升学或学历互认通道，或在各国优势领域成立双、多边合办的教育机构，如泰中老合办酒店旅游管理职业人员教育学校，向澜湄国家学生群体开放招生；再如现在已经在实践探索中的合作模式，中国向五国开放水利水电、核能、计量标准、医疗卫生、小微企业、青年创业等各领域的合作培训；等等，都将持续拓宽澜湄国家在文化交流方面的深度和广度，为澜湄国家持续长效的文明交流互鉴提供源源不断的内生动力。

七 促进澜湄文化与科技深度融合

当前，各国无不将科技作为增强国家实力的重要途径。通过将文化与网络和科技相结合，可以有效达到推广普及文化的目的。在澜湄合作框架下开展的文化交流互鉴过程中，也应当结合高新科技，依靠科技手段实现文化的保存、传播与创新，同时推动文化产业和科技产业相融合，实现文化传承交流与地方科技产业的双赢。利用高新科技手段与文化产业相结合，在中国已经有较好的案例和实践经验。参照类似的产业发展经验，推动对澜湄国家文化的保护和传播，不仅可以利用数字手段更完整、持久地保护澜湄国家的传统文化遗产，还能使六国的文化交流连接更为通畅，更可以在当代环境中使澜湄国家的独有文化得到继承和创新，将澜湄地区的独有文化分享到世界范围内，与其他地区文明交流互鉴。

澜湄国家有文明交流互鉴的多种形式。澜湄国家可通过鼓励影视、游戏、视频等形式与澜湄国家的传统艺术相结合，使澜湄国家历史悠久的传统文化更为贴近大众，尤其是对传统文化缺乏了解的本国及其他国家的年轻人；通过积极引进优秀的高新科技型企业，并有意识地鼓励发展本地文化同高新科技型企业之间的交往合作，利用VR等技术与各国的博物馆、文化研究机构合作，增加民间大众与澜湄文化相关的物品、习俗、自然风貌的互动，从而提升澜湄各国民众对自身文化的自豪感与认同感，同时增加域外其他文明对澜湄文化的了解。实践中，中国可有意识地鼓励具有相应技术水平的企业参与澜湄国家物质与非物质文化遗产的记录、保存、与民众的互动等工作，例如，利用建模、高清摄像技术实现对吴哥窟、曼谷大皇宫、蒲甘佛塔、越南天主教堂、老挝凯旋门等历史文化遗产的保存与再现，实现科技与文旅产业的融合，促进各国相关产业的发展。

在发展相关产业，推动本区域文化的传承、创新与传播的过程中，六国政府应重视在文化艺术作品中传递澜湄国家的价值观、世界观，通过发掘澜湄国家传统文化中所蕴含的文化特点，才能真正制作出承载了"澜湄文化"的新时代文化产品，使澜湄国家乃至更广范围内的文化进入世界文明的对话之中。在实际践行过程中，澜湄国家的文化部门和科技部门也应在澜湄合作框架下开展积极的联合协作，同时强调市场企业部门的主体作用，与各国高校研究机构相结合，从而实现文化和科技的良好融合，形成科技与文化两个部门在社会、经济、文化等多层面的良性互助循环。

八 反对"文明冲突"叙事、扩大澜湄文化边界

在澜湄国家的交往中，除挖掘文明共性、相互包容外，同时也应注重弱化不同文明之间冲突的叙事。

在民间交往中，跨文化交往时如果过度强调双方的异质性，则容易造成双方身份认知上的对立，极不利于双方文明交流互鉴的开展。柬埔寨、老挝、缅甸和泰国四国与越南在文化上存在部分差异，中国的云南省和广西壮族自治区的文化分别与前后二者具有较大的相似性。而澜湄国家作为一个整体而言，其文化上的独特性在世界范围内

也相当显著。因此，在澜湄国家的文化交流互鉴中，各国应主动在澜湄合作的框架下开展沟通，在本就有极大相似性的文化背景下强调六国文化中的共性，弱化不同文明中的异质性，更应反对"文明冲突"的不当叙事。虽然由于澜湄区域文化特质中具有极强的包容性特征，澜湄合作框架下的文明冲突风险相对较弱，但六国的合作中也不应忽略可能存在的来自文明冲突的风险。

文明的发展依靠的是不同文明间的相互碰撞与交融，在这一过程中文化的边界是不断延展扩大的。因此，通过积极促进澜湄区域文化的沟通交流，从而发展而来的不同文明、民族、宗教之间的相互融合，对培育发扬澜湄区域文化具有极大的推动作用。与此同时，由于物质或非物质文化遗产的保护难度很大，因此也应警惕偏极端的部分群体，有意识地规避由于"文明冲突"争执而带来的风险。

如前文所述，澜湄国家在实践中可以通过澜湄合作构建的地区性对话平台，主动吸纳不同宗教、语言、文化、民族的群体进入澜湄合作文明对话交流的框架下。澜湄国家可通过组织跨国民族共同的节庆、交流活动，通过相同或相似的民族风俗习惯，使澜湄区域各国民众产生跨越国境的群体身份及文化认同。同时，通过同一地域范围内不同民族之间共同举行生活、艺术、社会议题等领域的交流对话活动，例如邀请在缅甸仰光生活的其他国家民众，与中越两国共同庆祝中秋节，从而加强不同身份群体之间的相互了解与友好交往；通过举办澜湄各国相同宗教之间的交流活动，加固六国之间在文化宗教上的纽带，例如组织举办六国佛教组织共同为新冠肺炎感染者祈福等活动，展示澜湄区域文化中所包含的善意形象；通过主动与人数较少的民族、宗教群体沟通对话，了解和努力实现各方在共同关心的事务上的诉求与期望，协调部分地区内因文化差异而存在的冲突，规避文化冲突风险；等等。通过主动交流、强调共性、弱化异质性，克服在文明交往过程中存在的各类偏见和误解，消除文明交流互鉴过程中存在的障碍，以开放包容的心态谋求澜湄区域的文化交流与共同发展，为构建澜湄国家命运共同体奠定坚实的基础。

结　语

澜湄国家命运共同体建设既需要经济与贸易这些物质层面的合作，更需要在精神层面实践文明交流互鉴。

一　文明交流互鉴与澜湄国家命运共同体构建

中国提出的文明交流互鉴具有深刻的现实和理论背景。从现实来看，中国与湄公河五国（缅甸、老挝、柬埔寨、泰国、越南）在几千年的历史交往中，始终存在着文明交流与互鉴，其内容涉及从艺术到哲学、从哲学到宗教等诸方面，各种宗教、多种哲学思想、多彩的艺术形式在中国和湄公河国家异彩纷呈，相互借鉴、共同发展。

东西方语境中对"文明"的含义与定义的方式不同，东方注重对"文明具体表现"的定义，西方注重对"文明过程"的定义。从理论上来看，当前已经产生的文明发展论、文明冲突论、文明交往论（跨文化交流）和文明调试论等关于文明关系的理论与观点，指出了文明关系的一些特征。但是，对文明之间发生交往关系的实质、领域及未来走向都缺乏深入的研究，甚至以"文明冲突论"为代表的一些西方学者的观点，以西方文明为中心视角，贬低其他文明，无视其他文明在发展过程中的正当诉求，利用西方文明在当前国际体系中的霸权地位，打压其他文明、挑起其他文明的冲突。

当前，湄公河地区地缘位置重要，成为诸大国博弈的舞台。在历史上，伊斯兰文明、佛教文明、儒家文明以及本土文明在这里交会并和谐共处。在大国博弈等因素影响下，澜湄地区文明交流互鉴呈现出不同的特点。在大部分国家和地区，文明之间相互交流互鉴，形成了良好的互动局面，但在一些国家和地区，文明之间的冲突依然存在。

澜湄国家兼具亲缘、邻里、友谊三层共同体。构建人类命运共同体需要从政治、安全、发展、文明、生态这五个方面同时努力，建设持久和平、普遍安全、共同繁荣、开放包容、清洁美丽的世界。中国提出"人类命运共同体"，不是无源之水、无本之木，以"和合"思想和"天下"理念为代表的中国优秀传统文化为人类命运共同体的提出提供了重要的基础。人类命运共同体根植于源远流长的中华文明，也是中华优秀传统文化在全球层面的应用和展示。

二　文明交流互鉴在澜湄国家命运共同体建设中的地位

文明交流互鉴既为构建澜湄国家命运共同体提供历史人文基础和现实发展动力，也是澜湄国家命运共同体建设进程中的应有之义，是不可或缺的环节及内容。澜湄国家命运共同体中的文明交流互鉴是多方面的，涉及宗教、哲学、艺术和科技等方面。

在历史上，湄公河国家之间的文明交流互鉴不绝于史，为今后的文明交流互鉴和澜湄国家命运共同体建设提供精神方面的支持。我国自古以来就与澜湄五国在文化往来、宗教交流以及经贸合作等方面建立了密切的联系。相对于我国过去三十年来与澜湄五国在经贸关系、国家安全合作与区域产业经济发展等方面所取得的巨大成效与密切关系，目前我国与澜湄成员国在政治文化、经济文化、民族文化等问题上仍呈现出了系统性的差异性与认知上的冲突性。

在几千年的文明交流互鉴过程中，中国与湄公河国家形成了多文明共存与共同发展、在国家稳定方面多文明（文化）政策，以及以民间交往推动文明交流互鉴等历史经验。但面对与澜湄区域内各国在经济发展、安全合作等"硬核"区域合作领域的巨大"需求"与发展空间，我国与湄公河五国在文明交流及文化互鉴等"软实力"合作领域则呈现出了发展缓慢且不相协调的"供给"能力。这也从很大程度上使得我国在尝试通过加深文明交流互鉴与湄公河五国共同构建澜湄国家命运共同体的过程中将面临一系列更加复杂的问题及挑战。

文明交流互鉴对澜湄国家命运共同体的意义是重大的。从理论上来看，它不仅丰富了周边命运共同体理论和具有中国特色的周边外交理论，还为澜湄地区合作提供了新的方案，"文明交流互鉴"理念为各澜湄成员国从文化交流及精神理念认同角度提供了新的视角，周边国家作为命运共同体倡议的受益者，只有在就"周边国家命运共同体"达成一致认同的前提下，才能同时充分实践"利益—责任—规范"这一理论框架。在实践上，文明交流互鉴增进了中国与湄公河国家之间的文化认同与文化信任，有助于提升我国在澜湄地区的文化影响力。在历史上，西方列强宣扬"中国威胁论""文明冲突论"等论调，在中国与湄公河国家之间造成了不良影响，文明交流互鉴有利于缓解澜湄地区文化"认同"的冲突，促进政治安全合作。同时，在经济方面，文明交流互鉴还有利于提升各成员国对澜湄合作机制的认可，推动区域合作升级与可持续发展。

当前，澜湄国家文明交流的领域更加广泛、文化合作模式更加具体多元，教育合作与人才培养规模不断上升，旅游合作与文化交往日益密切，但也面临着传统"中国文化优越论"对澜湄区域文化交流模式的不适用性、缺乏文明交流互鉴合作的具体方案和区域外国家竞争激烈、文化软实力影响力有限、文化产品输出规模效应不足等挑战。

同时，我国也必须看到，美国、韩国及日本等国在湄公河次区域各国建立文化产品输出渠道的多元性以及其文化产品所带来的文化影响力都远超我国的客观事实。而要如何拓宽文化产品输出渠道，增加文化产品竞争力，促进国家文化传播，积极打造中国文化的正面影响力以及如何扩大构建青年及青少年群体对中国文化的认同与热爱，都是我国在与湄公河五国推进文明交流互鉴过程中所无法回避的新的一系列现实问题与挑战。

三　以文明交流互鉴推动澜湄国家命运共同体建设

历史告诉我们，只有交流互鉴，一种文明才能充满生命力。只要秉持包容精神，就不存在什么"文明冲突"，就可以实现文明和谐。以文明交流互鉴推动澜湄国家命运共同体建设，既要坚持原则，同时也要灵活处理与各国的文明交流互鉴（"一国一策"）。

在原则上，我们既要坚持文化自信、平等相待的文明交流互鉴底线，又要坚持兼容并蓄、开放包容的文明交流互鉴方式，同时更要积极交流，增进理解，最终实现互尊互信，互学互鉴，达到美人之美，美美与共的境界，推动澜湄国家命运共同体的建设完成。

在具体的推进思路上，要从多方面进行推进。在战略层面，要以构建人类命运共同体为根本方向；在理念层面，以推动文明进步和世界和平发展为基本理念；政策层面，以文化交融、文明互鉴融入治国理政框架。从实践角度而言，推动文明交流、文化互鉴的举措可以从多主体视角、多实践层次和多实践领域入手，推动澜湄六国间在文明上的沟通对话与相互理解、相互融合。从政府之间、澜湄合作机制之内出发，并建议将地方政府、企业、社会组织等多层次的行为力量纳入构建澜湄文明交流互鉴的举措体系之中，从推动建立澜湄国家政府间文明交流工作的机制性沟通框架、设立澜湄合作机制社会人文领域专项基金、塑造澜湄次区域的特色人文交流品牌、回溯中南半岛各国的共同历史渊源、完善澜湄地区人才交流机制、促进澜湄文明合作与科技深度融合、扩大澜湄地区文化边界等七个着力点入手，开展澜湄六国间文明领域的深化交流，以文明交流互鉴推动澜湄地区文明进步和区域和平发展。

通过主动交流、强调共性、弱化异质性，克服在文明交往过程中存在的各类偏见和误解，消除文明交流互鉴过程中存在的障碍，以开放包容的心态谋求澜湄区域的文化交流与共同发展，为构建澜湄国家命运共同体奠定坚实的基础。

在推进澜湄国家文明交流互鉴的过程中，应深入学习贯彻落实习近平关于文明交流互鉴的重要论述。在当前国际局势纷繁复杂，机遇与挑战并存的百年未有之大变局下，习近平主席指出了一条推动文明交流互鉴的正确道路，即"多彩、平等、包容"。以此为基础中国应首先确立自身的交流原则，起到示范和带动作用，以文化自信、平等相待、兼容并蓄、开放包容、积极交流、增进理解、互尊互敬、互学互鉴、美人之美、美美与共作为指导原则，主动为澜湄国家提供精神文明公共产品，在交流中增强文明交融度。从战略、理念、政策和方法四个思路出发，以构建人类命运共同体为根本方向；以推动文明进步和世界和平发展为基本理念；以文化交融、文明互鉴融入治国理政框架；以多层次、多领域、多方法开展文明交流互鉴。在具体操作中，反对"文明冲突"叙事、扩大澜湄文化边界，加强"一国一策"，细化国别文明交流举措，推动建立澜湄国家政府间文明交流工作的机制性沟通框架，塑造澜湄次区域的特色人文交流品牌，主导设立澜湄合作机制社会人文领域专项基金，进一步完善澜湄地区人才交流机制，并促进澜湄地区文化与科技深度融合。通过以上措施，深化文明交流互鉴层次，在区域、国家、行为体内部各层面推动澜湄国家文明交流互鉴进程。

参考文献

一 中文

（一）著作

恩格斯：《家庭、私有制和国家的起源》，中共中央马克思恩格斯列宁斯大林著作编译局译，人民出版社1999年版。

习近平：《论党的宣传思想工作》，中央文献出版社2020年版。

（东汉）许慎：《说文解字》，九州出版社2001年版。

《论语·阳货篇第十七》。

《孟子·告子上》。

《墨子·经上八》。

陈启能、姜芃等：《世界文明通论：文明理论》，海峡出版发行集团、福建教育出版社2010年版。

陈重金：《越南通史》，商务印书馆1992年版。

方金英：《文明的交融与和平的未来》，时事出版社2016年版。

贺圣达：《东南亚文化发展史》，云南人民出版社1996年版。

贺圣达：《缅甸史》，人民出版社1992年版。

李艳艳：《马克思主义文明理论及其当代价值》，人民出版社2017年版。

梁漱溟：《东西文化及其哲学》，商务印书馆1999年版。

《梁漱溟全集》第5卷，山东人民出版社1992年版。

马克连主编：《世界文明史》上册，北京大学出版社2004年版。

彭树智：《文明交往论》，陕西人民出版社2002年版。

王逸舟：《西方国际政治学：历史与理论》，上海人民出版社2006年版。

许利平等：《中国与周边命运共同体：建构与路径》，社会科学文献出版社 2016 年版。

易中天：《文明的意志与中华的位置》，浙江文艺出版社 2013 年版。

曾传辉：《马克思主义宗教观研究（2014）》，社会科学文献出版社 2017 年版。

张秀民：《中越关系史论文集》，中国台湾文史哲出版社 1992 年版。

中国社会科学院语言研究所词典编辑室编：《现代汉语词典》（第 6 版），商务印书馆 2012 年版。

［德］哈拉尔德·米勒：《文明的共存——对塞缪尔·亨廷顿"文明冲突论"的批判》，郦红等译，新华出版社 2002 年版。

［美］本尼迪克特·安德森：《比较的幽灵：民族主义、东南亚与世界》，甘会斌译，译林出版社 2012 年版。

［美］戴蒙德：《枪炮、病菌与钢铁：人类社会的命运》，谢延光译，上海译文出版社 2000 年版。

［美］塞缪尔·亨廷顿：《文明的冲突与世界秩序的重建》（修订版），周琪等译，新华出版社 2010 年版。

［美］斯塔夫里阿诺斯：《全球通史：从史前史到 21 世纪》，吴象婴等译，北京大学出版社 2006 年版。

［美］威廉·麦克尼尔：《西方的兴起：人类共同体史》，孙岳等译，中信出版集团 2018 年版。

［美］詹姆士·斯科特：《逃避统治的艺术：东南亚高地的无政府主义历史》，王晓毅译，生活·读书·新知三联书店 2016 年版。

［英］阿诺德·汤因比：《历史研究》，郭小凌、王皖强等译，上海人民出版社 2010 年版。

［英］霍恩比：《牛津高阶英汉双解词典》（第 8 版），赵翠莲等译，商务印书馆、牛津大学出版社（中国）有限公司 2014 年版。

（二）期刊

习近平：《坚定文化自信，建设社会主义文化强国》，《奋斗》2019 年第 12 期。

习近平：《深化文明交流互鉴 共建亚洲命运共同体——在亚洲文明对话大会开幕式上的主旨演讲》，《中华人民共和国国务院公报》

2019 年第 15 期。

习近平:《文明交流互鉴是推动人类文明进步和世界和平发展的重要动力》,《奋斗》2019 年第 9 期。

本刊特约记者:《21 世纪以来宗教与国际关系研究的发展——徐以骅教授访谈》,《国际政治研究》2017 年第 4 期。

蔡芳乐:《缅人纳特崇拜概述——基于对西方人类学相关成果的考察》,《西南边疆民族研究》2018 年第 2 期。

蔡文枞:《老挝佛教浅谈》,《世界宗教文化》1981 年第 1 期。

陈奉林:《从大文化的角度看东西方文化在东南亚的冲突与融合》,《东南亚研究》2005 年第 6 期。

陈静静:《中美对东南亚国家国际传播的比较研究》,《对外传播》2019 年第 9 期。

陈伟光、王燕:《共建"一带一路":基于关系治理与规则治理的分析框架》,《世界经济与政治》2016 年第 6 期。

陈阳:《佛韵向东南》,《世界知识》2015 年第 7 期。

陈忠怡、吕科、黄光芬:《跨文化交流与人类命运共同体构建的文化共识》,《云南行政学院学报》2018 年第 6 期。

戴继诚:《"文明冲突论"的破解与中国新型文明观的实现》,《思想教育研究》2020 年第 1 期。

《东南亚宗教的"多元之美"》,《世界知识》2015 年第 7 期。

范若兰、赵静:《试析佛教对昂山素季政治思想的影响》,《世界宗教文化》2018 年第 3 期。

冯鹏志:《迈向"中国特色"的文化建构——论习近平关于文化建设的重要论述》,《江海学刊》2020 年第 1 期。

冯鹏志:《文明自信的中国理念及其世界历史意义——论习近平关于文明交流互鉴的理念》,《北京行政学院学报》2020 年第 2 期。

郭楚、徐进:《打造共同安全的"命运共同体":分析方法与建设路径探索》,《国际安全研究》2016 年第 6 期。

韩启德:《科学与文明之问》,《科学中国人》2020 年第 Z1 期。

何星亮:《文明交流互鉴与人类命运共同体建设》,《人民论坛》2019 年第 21 期。

侯玉环:《文化视域下构建人类命运共同体的若干思考》,《理论导刊》2020年第2期。

黄义灵、汪信砚:《"一带一路"的文化互通与人类命运共同体建设》,《江汉论坛》2017年第12期。

《回击"文明冲突论" 倡导"文明和谐论"》,《理论导报》2019年第5期。

贾文山、王丽君、赵立敏:《习近平普遍安全观及其对构建人类命运共同体的意义》,《中国人民大学学报》2019年第3期。

金新:《论东盟一体化中效忠转移的困境——从认同政治的视角考察》,《太平洋学报》2013年第6期。

雷建锋:《中国的中亚地区主义与周边命运共同体的生成》,《教学与研究》2016年第10期。

李晨阳:《缅甸"罗兴伽人"问题热的冷分析》,《世界知识》2017年第2期。

李晨阳:《中国与东南亚国家关系中的宗教因素》,《世界知识》2018年第4期。

李晨阳:《宗教"万花筒"的东南亚》,《世界知识》2015年第7期。

李益波:《从"试探性渗透"到"全面巧接触"——浅析美柬关系的新变化》,《南洋问题研究》2014年第4期。

李政阳:《"一带一路"倡议实施中的越南宗教风险研究》,《世界宗教文化》2018年第2期。

梁也、王习贤:《"人类命运共同体"文化构建的进路》,《南通大学学报》(社会科学版)2018年第4期。

梁志明:《东亚文化的基本特征与传播过程中的双向互动性》,《东南亚研究》2006年第6期。

凌胜利:《构建周边安全共同体:挑战与对策》,《国际问题研究》2017年第5期。

刘畅:《澜湄社会人文合作:现状与改善途径》,《国际问题研究》2018年第6期。

刘金光:《东南亚宗教的特点及其在中国对外交流中的作用——兼谈东南亚华人宗教的特点》,《华侨华人历史研究》2014年第1期。

刘兴华：《地区认同与东亚地区主义》，《现代国际关系》2004 年第 5 期。

刘永焯：《柬埔寨宗教概况》，《印支研究》1983 年第 1 期。

卢光盛、别梦婕：《澜湄国家命运共同体：理想与现实之间》，《当代世界》2018 年第 1 期。

卢光盛、别梦婕：《澜湄合作机制：一个"高阶的"次区域主义》，《亚太经济》2017 年第 2 期。

卢光盛、别梦婕：《"命运共同体"视角下的周边外交理论探索和实践创新——以澜湄合作为例》，《国际展望》2018 年第 1 期。

卢光盛、别梦婕：《新型周边关系构建：内涵、理论与路径》，《国际观察》2019 年第 6 期。

卢光盛、金珍：《"澜湄合作机制"建设：原因、困难与路径》，《战略决策研究》2016 年第 3 期。

陆晶：《中国与"一带一路"沿线国家执法安全合作新型价值范式建构》，《山东警察学院学报》2017 年第 2 期。

罗桂友：《柬埔寨宗教的演变》，《印度支那》1987 年第 4 期。

罗建波：《正确义利观与中国对发展中国家外交》，《西亚非洲》2018 年第 5 期。

罗圣荣：《奥巴马政府介入湄公河地区合作研究》，《东南亚研究》2013 年第 6 期。

沐鸿：《东盟社会文化共同体：现状与前景》，《东南亚纵横》2015 年第 8 期。

欧阳康：《革新开放中的越南社会主义——越南哲学与文化感悟》，《南京大学学报》（哲学·人文科学·社会科学）2005 年第 3 期。

潘金娥：《穷则独善其身，达则兼济天下——中国外交文化的价值追求与义利观念》，《人民论坛·学术前沿》2016 年第 16 期。

彭秋归：《世界历史、天下观念与人类命运共同体构建》，《世界社会主义研究》2019 年第 10 期。

秦亚青：《正确义利观：新时期中国外交的理念创新和实践原则》，《求是》2014 年第 12 期。

《求是》编辑部：《文明交流互鉴的正确态度和原则》，《求是》2019

年第 9 期。

任明哲：《澜沧江—湄公河次区域国家人文交流：现状、基础与挑战》，《东南亚纵横》2019 年第 3 期。

任远喆：《奥巴马政府的湄公河政策及其对中国的影响》，《现代国际关系》2013 年第 2 期。

盛思鑫：《中国为什么传统上不重视东南亚——21 世纪海上丝绸之路的历史思考》，《厦门大学学报》（哲学社会科学版）2019 年第 5 期。

宋国栋：《习近平正确义利观的理论与实践——中国对周边国家和其他发展中国家外交的科学方法论》，《中共郑州市委党校学报》2017 年第 6 期。

苏长和：《从关系到共生——中国大国外交理论的文化和制度阐释》，《世界经济与政治》2016 年第 1 期。

孙钢：《澜湄一脉　梵音相闻　国家宗教局代表团访问老挝侧记》，《中国宗教》2017 年第 7 期。

孙通、刘昌明：《国际秩序观塑构中的文化特质——兼论"构建人类命运共同体"的文化渊源》，《太平洋学报》2019 年第 2 期。

孙向晨：《民族国家、文明国家与天下意识》，《探索与争鸣》2014 年第 9 期。

屠酥：《培育澜湄意识：基于文化共性和共生关系的集体认同》，《边界与海洋研究》2018 年第 2 期。

王聪延：《历史上中华文化与世界其他文化的交流与互鉴》，《兵团党校学报》2019 年第 6 期。

王俊生：《中国周边命运共同体构建：概念、内涵、路径》，《国际关系研究》2016 年第 6 期。

王晓玲：《"命运共同体"的人文思想》，《黄海学术论坛》2016 年第 1 期。

王贞力、林建宇：《泰国南传上座部佛教与泰国政党的互动关系研究》，《东南亚纵横》2018 年第 3 期。

吴杰伟：《东南亚印度教神庙的分类及特点》，《南洋问题研究》2013 年第 4 期。

吴英：《马克思的文明理论》，《山东社会科学》2009 年第 6 期（总第 166 期）。

肖群忠、杨帆：《文明自信与中国智慧——构建人类命运共同体思想的实质、意义与途径》，《中国特色社会主义研究》2018 年第 2 期。

谢军：《中、英文化对东南亚英语变体的影响——以东南亚原英国殖民地国家英语变体为例》，《文教资料》2016 年第 12 期。

徐丽曼：《文明交流互鉴视域下中华文化认同初探》，《广西民族研究》2019 年第 4 期。

徐艳玲、张光哲：《论习近平关于文明交流互鉴重要论述行生成的理论逻辑》，《学习论坛》2020 年第 1 期。

于营：《传统海洋文化视角下中国与东南亚的交流》，《北华大学学报》（社会科学版）2016 年第 3 期。

张继龙：《人类命运共同体视角下文化自信构建的辩证考察》，《湖湘论坛》2017 年第 5 期。

张励：《水资源与澜湄国家命运共同体》，《国际展望》2019 年第 4 期。

张敏、胡建东：《习近平人与自然"生命共同体"概念的哲学基础及现实指向》，《学术探索》2019 年第 7 期。

张三元：《论资本逻辑与现代性文化》，《江汉论坛》2019 年第 3 期。

张婷婷：《建构人类命运共同体视野下文化自信》，《知与行》2018 年第 4 期。

张蕴岭：《中国与周边关系：命运共同体的逻辑》，《人民论坛》2014 年第 6 期。

章远：《缅甸的宗教间张力和应对局限》，《宗教与美国社会》2014 年第 2 期。

赵瑾：《骠族的起源及其文化特征》，《东南亚研究》2013 年第 6 期。

赵政原：《"一带一路"背景下跨国旅游合作的国际政治经济学分析》，《文化产业研究》2018 年第 2 期。

赵自勇：《古代东南亚的印度化问题浅谈》，《华南师范大学学报》（社会科学版）1994 年第 3 期。

郑国富：《"澜湄合作"背景下中国与湄公河流域国家农产品贸易合

作的路径优化与前景》，《对外经贸实务》2018年第4期。

钟智翔：《缅甸文化带：一种地域文化的形成》，《解放军外国语学院学报》2000年第5期。

周方冶：《全球化进程中泰国的发展道路选择——"充足经济"哲学的理论、实践与借鉴》，《东南亚研究》2008年第6期。

周琳娜、戴劲：《文化认同与制度式微：人类命运共同体的思考》，《学术探索》2018年第8期。

朱蒙：《国家安全视域下的泰南穆斯林双语教育研究》，《新丝路学刊》2018年第1期。

左凤荣：《加强文化和文明交流　打造人类命运共同体》，《人民论坛》2017年第28期。

［苏联］德米特里·谢尔盖耶维奇·巴甫洛夫：《科技革命与东南亚发展中国家》，伊平译，《南洋资料译丛》1982年第1期。

（三）报纸

习近平：《决胜全面建成小康社会　夺取新时代中国特色社会主义伟大胜利——在中国共产党第十九次全国代表大会上的报告》，《人民日报》2017年10月28日第1版。

习近平：《迈向命运共同体　开创亚洲新未来——在博鳌亚洲论坛2015年年会上的主旨演讲》，《人民日报》2015年3月29日第2版。

习近平：《携手构建合作共赢新伙伴　同心打造人类命运共同体——在第七十届联合国大会一般性辩论时的讲话》，《人民日报》2015年9月29日第2版。

习近平：《携手建设更加美好的世界——在中国共产党与世界政党高层对话会上的主旨讲话》，《人民日报》2017年12月2日第2版。

习近平：《在联合国教科文组织总部的演讲》，《人民日报》2014年3月27日第3版。

《习主席的"丝路新语"：开放包容　加强"五通"》，《人民日报》2014年7月2日。

王克群：《文明是多彩的、平等的、包容的》，《人民日报》2014年8月12日第7版。

王毅：《携手打造人类命运共同体》，《人民日报》2016年5月31日第7版。

田国秀：《文明对话与人类命运共同体伦理建构》，《光明日报》2019年7月22日第15版。

（四）学位论文

施雁：《21世纪初泰国文化政策研究——基于宗教与文化遗产的视角》，硕士学位论文，云南民族大学，2019年。

二 外文

Akira Suehiro, "China's Offensive in Southeast Asia: Regional Architecture and the process of Sinicization", *Journal of Contemporary East Asia Studies*, Vol. 6, No. 2, 2017.

Appadurai, A., *Modernity at Large: Cultural Dimensions of Globalization*, Minnesota: University of Minnesota Press, 2016.

Baum, Seth D. et al., "Long-term Trajectories of Human Civilization", *Foresight*, Vol. 21, No. 1, 11 March 2019.

Brett Bowden, *The Empire of Civilization: The Evolution of an Imperial Idea*, Chicago: University of Chicago Press, 2009.

Carl Middleton, Jeremy Allouche, "Watershed or Powershed? Critical Hydropolitics, China and the Lancang-Mekong Cooperation Framework", *The International Spectator*, Vol. 51, No. 3, 2016.

Ernst B. Haas, *The Uniting of Europe: Politics, Social, and Economic Forces, 1950–1957*, Stanford University Press, 1968.

Guillermo Algaze, *Ancient Mesopotamia at the Dawn of Civilization: The Evolution of an Urban Landscape*, University of Chicago Press, 2008.

Hyun, S., "Building a Human Border: The Thai Border Patrol Police School, Project in the Post-Cold War Era", *Sojourn: Journal of Social Issues in Southeast Asia*, Vol. 29, No. 2, 2014.

Jafar Jafari, "Tourism and Peace", *Annals of Tourism Research*, Vol. 16, No. 3, 1989.

Pearce Douglas, "Tourism: The World's Peace Industry", *Business*

Quarterly, No. 3, 1988.

Robert O. Keohane, "International Institutions: Two Approaches", *International Studies Quarterly*, Vol. 32, No. 4, 1988.

Sebastian Biba, "China's 'old' and 'new' Mekong River politics: The Lancang – Mekong Cooperation from a Comparative Benefit – sharing Perspective", *Water International*, Vol. 43, No. 5, 2018.

Stephen Gaukroger, "Science and Civilization", *Journal of Dialectics of Nature*, Vol. 37, No. 3, 2015.

Tan, C. B., *Chinese Overseas: Comparative Cultural Issues* (Vol. 1), Hong Kong: Hong Kong University Press, 2004.

The Office of the High Commissioner for UN Human Rights, "Press Statement on the Visit to the Socialist Republic of Viet Nam by the Special Rapporteur on freedom of religion or belief", July 31, 2014, https://www.ohchr.org/EN/NewsEvents/Pages/DisplayNews.aspx?NewsID = 14914&LangID = E.

Tong, C. K., *Identity and Ethnic Relations in Southeast Asia: Racializing Chineseness*, Spring Science & Business Media, 2010.

United States Advisory Commission Public Diplomacy (ACPD): 2018 Comprehensive Annual Report on Public Diplomacy and International Broadcasting, 2019.

Wongsurawat, W., "Beyond Jews of the Orient: A New Interpretation of the Problematic Relationship between the Thai State and Its Ethnic Chinese Community", *Positions*, Vol. 24, No. 2, 2016.

Zhang Ying, *The Role of Ancestral Halls and Ancestral Worship in Chinese Clan Association in Thailand as Forms of Cultural Integration in the Age of Globalization*, Chulalongkorn University Press, 2019.

三 网络文献

《2018 湄公河旅游论坛在泰国举行》，东方网，http://news.eastday.com/eastday/13news/auto/news/world/20180627/u7ai7853785.html，2020年5月9日。

《2019 澜沧江—湄公河区域旅游合作工作会发布〈昆明共识〉》，缅华网，https：//www.mhwmm.com/Ch/NewsView.asp？ID＝42021，2020年5月9日。

辞海：《文化，辞海之家》，http：//ciyu.cihai123.com/c/195210.html。

《佛教和治国之道长期以来密不可分》，搜狐网，2018年5月7日，https：//www.sohu.com/a/230673575_219795。

澜沧江—湄公河合作中国秘书处：《澜湄合作"多点开花"合作领域不断拓展》，澜沧江—湄公河合作中国秘书处网站，http：//www.lmcchina.org/hzdt/t1759660.htm，访问日期：2020年4月15日。

《澜湄流域国家研讨文化遗产保护》，新华网，2017年6月8日，http：//www.xinhuanet.com//politics/2017-06/08/c_129627600.htm。

商务部驻昆明特派员办事处：《六国共建澜湄旅游城市合作联盟》，http：//www.mofcom.gov.cn/article/resume/n/201612/20161202406112.shtml。

杨保筠：《中国与东南亚国家关系：历史基础与加强文化交流的新路径》，搜狐网，2018年12月17日，https：//www.sohu.com/a/282427135_100255489。

姚颖：《印度对东南亚小国的渗透有多强，看看缅甸就知道了》，观察者网，2017年7月18日，https：//www.guancha.cn/yaoying/2017_07_18_418684_s.shtml。

余俊杰、姚兵：《澜沧江—湄公河国家深化文化旅游合作》，东方网，http：//news.eastday.com/eastday/13news/auto/news/china/20191116/u7ai8918805.html。

中国—东盟中心：《中国—东盟中心代表出席第44届大湄公河次区域旅游工作组会议》，中国报道网，http：//www.chinareports.org.cn/djbd/2020/0119/12810.html。

《中国学者：宗教文化或可推动"澜湄合作"有序展开》，中国新闻网，2016年10月19日，http：//www.chinanews.com/cul/2016/10-19/8036992.shtml。

"ASEAN Social-Cultural Community Blueprint"，http：//www.asean.

org/archive/5187 – 19. pdf, 2020 – 5 – 9.

Association of Southeast Asian Nations: *The ASEAN Charter*, https: // www. asean. org/storage/images/archive/publications/ASEAN – Charter. pdf, 2020 – 05 – 09.

"Mid – Term Review of the ASEAN Social – Cultural Community Blueprint (2009 – 2015)", http: //www. asean. org/resources/item/mid – term – review – of – the – asean – socio – cultural – community – blueprint – 2009 – 2015. pdf, 2020 – 5 – 9.

"Official website of the Border Patrol Police School: Project", http: // www. bpp. go. th/bppmain _ school/index. php? option = com _ content&view = article&id = 438&Itemid.

后　　记

本书是云南大学2019年"一带一路"研究重点项目"文明交流互鉴视角下澜湄国家命运共同体建设研究"（项目号：YDYL2019D04）的最终研究成果。

书稿的写作由卢光盛和任华负责完成。在该项目及书稿完成过程中，课题组成员胡辉、聂娇、黎亚洲、陈伟琳等参加了整个研究工作，并为写作搜集、整理了大量资料。由于课题研究最后汇总及出版的需要，各位研究者的成果被统稿重组，并做了较大幅度的修改。

感谢各位参与者在课题研究中的贡献。感谢中国社会科学出版社的马明老师在本书出版过程中细致耐心的帮助与支持。由于著者水平有限，书中仍有许多纰漏，恳请广大读者批评指正。

卢光盛
2023年春于云南大学东陆园